Claudia Brandau
Johanna Eichler

Wir
vom Jahrgang
1997
Kindheit und Jugend

Impressum

Bildnachweis:

Umschlag: Eichler (vorne oben/unten); Maurer (hinten).

Innenteil: Eichler: 4, 8 o., 11, 16, 18 u., 20 r., 25 o., 27, 38, 50, 51, 53 u., 55 o., 56, 57, 58 o., 62; Kaldewey: 8 u., 9 u., 25 u., 33, 37 o./u., 44 u.; Maurer 9 o., 20 l., 21, 23 o., 26; Lorenzen: 12 u., 19; Domes: 28, 32 l./r., 35, 40; Geilmann: 34 l./r.; Brandau: S. 36, 42, 44 o., 46 o./u., 47, 48, 52, 53 o., 55 u., 59, 63; Hess: 54 u.; Debus: 58 u.; Kasiewicz: 61 o.; Thiery: 61 u.;

picture alliance/dpa/Deji Yake: S. 13; picture alliance/chromorange/Mathias Stolt/CHROMORANGE: S. 24 o.; picture alliance/dpa/Franz Kleefeldt: S. 29; picture alliance/Mary Evans Picture Library/ Mary Evans/Peter Higginbotham: S. 30; picture alliance/Eventpress/Eventpress Radke: S. 31; picture alliance/dpa/Achim Scheidemann: S. 41; picture alliance/dpa/Jörg Carstensen: S. 45; picture alliance/dpa/Enzo Russo: S. 54 o.; picture alliance/Perenyi/Laci Perenyi: S. 60.

6. Auflage 2024

Alle Rechte vorbehalten, auch die des auszugsweisen Nachdrucks und der fotomechanischen Wiedergabe.

Gestaltung und Satz: r2 | Ravenstein, Verden

Druck: Druck- und Verlagshaus Thiele & Schwarz GmbH, Kassel

Buchbinderische Verarbeitung: Buchbinderei S. R. Büge, Celle

© Wartberg-Verlag GmbH

34281 Gudensberg-Gleichen • Im Wiesental 1

Telefon: 056 03/9 30 50 • www.wartberg-verlag.de

ISBN: 978-3-8313-3097-3

Liebe **97er!**

Wir wurden in ein geradezu spektakuläres Jahr hineingeboren. Denn 1997 weist viele Rekorde und Meilensteine auf: Mit „Titanic" kam ein Film in die Kinos, der elf Oscars abräumte. Mit „Harry Potter" kam ein Roman in die Buchhandlungen, der Abermillionen Jugendliche zum Lesen verführte und die Autorin Joanne K. Rowling zur reichsten Schriftstellerin aller Zeiten machte. Mit dem Tod von Lady Di starb die letzte Märchenprinzessin der alten, analogen Welt. Und mit „Ultima Online" ging das erste, im Rückblick sehr bescheidene Online-Spiel ans Netz. Währenddessen sang sich der blinde Italiener Andrea Bocelli mit „Time to say goodbye" über vier Monate hinweg an die Spitze der deutschen Charts. Aber von wegen Goodbye: Wir sagten der Welt 1997 erst einmal laut und zuversichtlich „Hallo!"

Unsere Eltern lehrten uns diesen Optimismus: Sie setzten uns in bunte Kinderwagen und schoben uns darin einer Zeit entgegen, die aufregender gar nicht hätte sein können. Der Jahrtausendwechsel stand kurz bevor, das Internet brach sich immer größere Bahnen, es gab ständig neue und schnellere Kommunikationsformen. Und wir waren dabei. Von Anfang an.

Wir haben noch unendlich viel vor und noch jede Menge Zeit, all die Pläne umzusetzen. Dafür wünsche ich vor allem eines: viel Mut und Zuversicht!

Johanna Eichler

Johanna Eichler

Der Start in eine aufregende Welt

Wir hingen wie ein Schluck Wasser in den Babytragen, aber egal: Hauptsache, wir waren immer dicht dran und nah dabei.

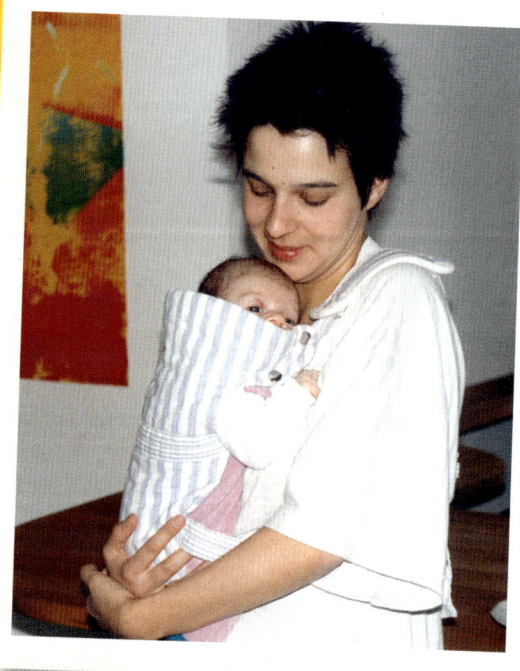

Unsere Eltern wollten alles richtig machen

Unsere Eltern wollten nur eines: Bei ihren Kindern alles, aber auch wirklich alles richtig machen. Unsere Mütter und Väter waren überwiegend in den bunten 70er- und poppigen 80er-Jahren aufgewachsen, waren damit tolerant, weltoffen und, noch viel wichtiger, total begeistert von ihrem Nachwuchs.

Chronik

24. Februar 1997
Das geklonte Schaf Dolly wird der Öffentlichkeit vorgestellt.

30. Juni 1997
Die Briten übergeben nach 99-jähriger Pachtzeit Hongkong an die Volksrepublik China.

31. August 1997
Die englische Prinzessin Lady Diana stirbt bei einem Autounfall.

5. Januar 1998
Der New Beetle kommt als Nachfolger des legendären VW-Käfers auf den Markt.

16. Januar 1998
Der amerikanische Präsident Bill Clinton hat ein Verhältnis mit seiner Praktikantin Monica Lewinsky. Das eingeleitete Amtsenthebungsverfahren scheitert.

23. März 1998
Der Film „Titanic" räumt elf Oscars ab.

26. März 1998
In Amerika erhält die Potenzpille „Viagra" die Zulassung.

27. September 1998
16 Jahre lang regierte Einheitskanzler Helmut Kohl (CDU) die Bundesrepublik, jetzt übernimmt Rot-Grün die Macht. Der neue Kanzler heißt Gerhard Schröder (SPD).

19. Januar 1999
Das deutsche Bundesarbeitsgericht billigt das generelle Rauchverbot am Arbeitsplatz.

12. Juni 1999
NATO-Truppen marschieren in den Kosovo ein.

1. September 1999
Der Bundestag kommt erstmals in der neuen Hauptstadt Berlin statt wie bisher in Bonn zusammen.

3. September 1999
Die RTL-Quizsendung „Wer wird Millionär?" mit Moderator Günther Jauch startet.

31. Dezember 1999
Wladimir Putin wird neuer russischer Präsident.

Der kam damals wahlweise zu Hause, in Kliniken oder aber in einem der Geburtshäuser zur Welt, die seit Mitte der 80er-Jahre boomten: In diesen außerklinischen Einrichtungen betreuten Hebammen Schwangere und Paare vor, während und nach der Geburt. Damit waren sie wichtige Ansprechpartnerinnen für junge Eltern, die bei ihren ersten Söhnen und Töchtern meist viele Fragen, aber kaum Ahnung hatten. Nicht wenige Frauen entschlossen sich auch zu einer Hausgeburt. Die hatte bis zum Zweiten Weltkrieg noch als völlig selbstverständlich gegolten, wurde dann aber zunehmend als exotisch und geradezu unvernünftig angesehen. Diese Angst, außerhalb eines Kreißsaales und ohne medizinische Betreuung ein Kind zu bekommen, hatte sich aber bis zum Zeitpunkt unserer Geburt schon wieder gewandelt. Es lag längst ganz im Ermessen unserer Eltern, für welchen Geburtsort sie sich entschieden hatten.

Als wir zur Welt kamen, hatten sich die meisten Paare aber vor allem zu einem entschlossen: Die Geburt gemeinsam zu erleben. Die Zeiten, in denen die Frauen zusehen mussten, wie sie allein im Kreißsaal klarkamen, waren gottlob lange vorbei. Für unsere Väter war es selbstverständlich, dass sie bei der Geburt dabei waren, unseren Müttern Mut zusprachen und ihr die Hand hielten.

Dafür hatten unsere Väter fast alle über Monate hinweg für den Ernstfall geübt:

5

1. bis 3. Lebensjahr

Viele hatten an Geburtsvorbereitungskursen teilgenommen, Atem- und Entspannungstechniken geübt und als selbst ernannte Experten Fachgespräche mit der Hebamme geführt. Dennoch: Als dann tatsächlich der Moment unserer Geburt kam, war das ein solch besonderer, dass viele Väter und Mütter schnell merkten, dass kein Kurs der Welt sie wirklich emotional darauf hätte vorbereiten können.

Das erging 1997 wohl vielen Eltern so: In Deutschland kamen in diesem Jahr insgesamt 812 173 Kinder auf die Welt. Im Vergleich zum absoluten Baby-Boomer-Jahr 1964 ist das zwar keine Sensation. Denn damals, im kinderreichsten Jahr der deutschen Nachkriegsgeschichte, wurden sage und schreibe 1 357 304 Menschen geboren. Trotzdem stellt auch das Jahr 1997 in der Statistik einen echten Höhepunkt dar. Denn seit unserem Geburtsjahr weist die Statistik-Kurve beständig weiter nach unten. Den mehr als 800 000 Kindern des Jahres 1997 standen 2012 nur noch 673 544 Neugeborene gegenüber. Die Differenz beträgt 138 000 Menschen. Das entspricht ungefähr der Einwohnerzahl der Stadt Würzburg.

Gute Ernährung von Anfang an: Stillen war in, Fläschchen out.

Das Fläschchen galt als moralisch fragwürdig

Es war die Zeit, in der die Bindung an die Mutter gar nicht eng genug sein konnte. War das Stillen damals, als unsere Mütter zur Welt kamen, noch völlig out, so war Ende der 90er-Jahre jede Mutter quasi beinahe zum Stillen gezwungen. Es galt als moralisch eher fragwürdig, dem Baby statt der Brust ein Fläschchen anzubieten.

Und auch nach der Stillphase machten sich unsere Eltern erst recht viele Gedanken um die richtige, entwicklungsfördernde und gesunde Ernährung. Jahrzehntelang hatte industriell hergestellte Babyfertignahrung als das Nonplusultra gegolten, doch in den 90er-Jahren kam bei vielen jungen Eltern Skepsis gegenüber der Flaschen- oder Gläschennahrung auf. Nach der Stillzeit setzten deshalb viele auf Selbstgekochtes. Nicht wenige Väter stellten sich an den Herd und kochten aus Bio-Gemüse Kartoffel-Möhren-Brei und andere babyfreundliche Gerichte, die alles enthielten – nur keine Gewürze.

Abschied von Lady Di

Das Medienereignis des Jahres 1997 war der Tod der englischen Prinzessin Diana. Die 36-Jährige kam am 31. August auf der Flucht vor Paparazzi bei einem Unfall in einem Pariser Autotunnel ums Leben. Ihr Lebensgefährte Dodi Al Fayed und der Chauffeur waren sofort tot, Diana starb wenige Stunden später im Krankenhaus. Menschen in 180 Ländern verfolgten am 6. September die Beerdigung der „Königin der Herzen" vor den Fernsehern. Vor dem Buckingham Palace türmten sich die Blumen und Geschenke zu hohen Bergen, ganz Großbritannien versank über Wochen in einer Art kollektiver Trauer. Die Verzweiflung vieler Menschen war so ungeheuer groß, dass sie selbst Psychologen vor ein Rätsel stellte. Noch heute halten sich hartnäckig die Gerüchte, die Frau des britischen Prinzen Charles und Mutter der beiden Prinzen William und Harry sei nicht etwa einem tragischen Unfall, sondern vielmehr einem Attentat zum Opfer gefallen.

Wir verschwanden hinter Gittern

Völlig unverständlich, wenn nicht gar verwerflich war auch der Einsatz von Laufställchen geworden. Kinder, so der moderne Ansatz, sollten sinnvoll beschäftigt und in ihrer Entwicklung gefördert, keinesfalls aber einfach weggesperrt werden. Doch diese Kindergefängnisse waren aus pädagogischer Sicht eine Katastrophe, aus der Alltagsperspektive heraus aber eine ungemein praktische Erfindung. Wann immer unsere Eltern etwas taten, wobei sie Gefahr

für uns witterten, ob bei Renovierungen oder Reparaturen, ließen sie uns sozusagen hinter Gittern verschwinden. Aber es war eben nicht mehr die Zeit, in der Laufställchen – allein der Begriff Ställchen gibt ja zu denken – einfach als gegeben hingenommen wurden.

Das Gegenteil eines Laufställchens war beispielsweise das sogenannte Prager Eltern-Kind-Programm (Pekip), das in den 90er-Jahren boomte. Das Konzept für die Gruppenarbeit mit Eltern und ihren Kindern im ersten Lebensjahr hat zum Ziel, dass sie spielerisch zusammenfinden und die Babys zugleich in Kontakt mit Gleichaltrigen kommen.

Der Begriff Kontakt spielte eine große Rolle; besonders der Körperkontakt: Wenn sie uns nicht im Wagen vor sich herschoben, schleppten uns unsere Eltern in einem Tragetuch oder mit den Babybjörn-Tragehilfen vor sich her.

Der kleinste Pool oder auch der größte Spaßfaktor der Welt.

Diese Tragehilfen sollten Nähe herstellen und zugleich auch unseren Gleich- gewichtssinn, die Muskulatur und die Motorik schulen. Niemand von uns wird sich daran erinnern, dass er einmal wie ein Schluck Wasser in einem Baby- björn hing. Aber die praktischen Tragekonstruktionen, die ein pfiffiger Schwede 25 Jahre vor unserer Geburt erfunden hatte, sorgten für Körperwärme und vor allem dafür, dass wir in der Welt rum- und mit unseren Eltern überallhin mit- kamen. Deshalb hatten wir wohl überhaupt nichts dagegen, durch die Gegend getragen zu werden, bevor wir wieder in unseren Bettchen oder Stubenwagen verschwanden.

Die Welt war spannend und bunt: Selbst der Besteck- kasten war hochinteressant.

Harry Potter – eine Erfolgsstory

Harry Potter kam an einem Donnerstag auf die Welt. Am Donnerstag, 26. Juni 1997, wurden in London bescheidene 500 Exemplare des Kinderbuchs „Harry Potter und der Stein der Weisen" veröffentlicht. Bis 2007 folgten sechs weitere Bände, die Zahl der verkauften Bücher belief sich 2008 auf rund 500 Millionen Exemplare. Die Abenteuer des Zauberlehrlings Harry Potter wurden in beinahe 70 Sprachen übersetzt, selbst ins Lateinische und Altgriechische. Der Junge mit der Narbe auf der Stirn zauberte seiner Erfinderin großen Reichtum herbei: Die englische Autorin Joanne K. Rowling (*1965) ist in der gesamten Literaturgeschichte die erste Schriftstellerin, die mit ihren Büchern eine Milliarde Dollar verdiente. Dabei hatte es für die Engländerin Mitte der 90er-Jahre alles andere als gut ausgesehen: Die alleinerziehende Mutter war arbeitslos und lebte von Sozialhilfe. Weil sie kein Geld fürs Heizen ihrer Wohnung hatte, so heißt es, schrieb sie den ersten Band der Harry-Potter-Reihe in einem Café. Es dauerte lange, bis sie einen Verlag fand, der das Manuskript annahm. Ihr Lektor gab Rowling einen kleinen Vorschuss und einen guten Rat: Sie solle sich dringend einen Job suchen. Vom Kinderbuchschreiben allein, sagte er, könne doch nun wirklich kein Mensch leben.

Die Titanic ließ alle in Tränen versinken

Während wir noch ahnungslos in Tragehilfen rumhingen, schauten sich unsere Mütter 1998 zig Mal und immer wieder laut schluchzend den Film „Titanic" an. Regisseur James Cameron drehte das Spielfilmdrama mit dem irrsinnigem Schmachtfaktor im Jahr unserer Geburt, es kam Ende 1997 in die Kinos. Der Film, der den Untergang des Luxusdampfers RMS Titanic auf seiner Jungfernfahrt von Southampton nach New York im April 1912 nacherzählt, erhielt elf Oscars und spielte weltweit 1,8 Milliarden Dollar ein. Damit belegte er für die Dauer von elf Jahren den 1. Platz in der Liste der erfolgreichsten Filme – bis er 2009 von „Avatar – Aufbruch nach Pandora" abgelöst wurde. Dessen Regisseur: ebenfalls James Cameron.

So unfassbar erfolgreich die „Titanic" als Film war, war „Time to say goodbye" von Andrea Boccelli und Sarah Brightman als Lied. Der blinde italienische Sänger und die britische Sängerin standen 1997 mit diesem Titel 13 Wochen auf dem 1. Platz in den Charts. Nicht viel weniger erfolgreich war der römische Sänger Eros Ramazotti in diesem Jahr: Auch er tummelte sich monatelang mit seinem Album „Eros" ganz weit oben. Diese Musik mochten wir nicht so sehr –

das Lied „Barbie Girl" der Band Aqua aus unserem Geburtsjahr 1997 aber war eines, das wir noch als Jugendliche als quälenden Ohrwurm sofort erkannten und lange nicht mehr aus dem Kopf bekamen.

Ultima Online

Ultima Online, das erste große Onlinespiel geht 1997 in Deutschland ans Netz: Beim interaktiven Online-Rollenspiel können gleich mehrere Spieler in einer mittelalterlichen Fantasy-Welt verschiedene Identitäten übernehmen und so Bettler, Könige, Drachenbändiger werden – zumindest am Computer. Es ist das erste Mal, dass sich mehrere tausend Spieler in unterschiedlichster Art miteinander verbinden können. Nur wenige Jahre später gehörten Online-Spiele ganz selbstverständlich zum Alltag vieler Menschen.

Die Kinderwagen waren noch bunt und bedruckt.

Eine bunte Kleiderordnung

Unsere Kinderwagen waren eher plüschig als sportlich. Zumindest wenn man sie mit den geländegängigen, in saloppen Bundeswehrfarben oder gar schwarz gehaltenen sportlichen Gefährten vergleicht, die heute durch die Gegend geschoben werden. Eine solche Kinderwagen-Tristesse war unseren Eltern noch fremd. Sie packten uns gerne in mit Bärchen oder Püppchen bedruckte und bunt gemusterte Chaisen. Die sollten uns

Von wegen, Jungs spielen nur mit
Bauklötzen: Puppenküchen gehörten zum
Standardprogramm vieler Kinderzimmer.

in eine Zukunft fahren, die genauso aussehen sollte wie sie selbst: farbenfroh und quietschvergnügt.

Doch bei allem Mut zur Farbe war eines noch gar nicht angesagt: Die strikte Geschlechtertrennung in blaue oder pinkfarbene Welten. Ende der 90er dachte kein Mensch daran, sein Kind so zu kleiden, dass man schon aus hundert Metern Entfernung wusste, ob das umher tapsende Kleinkind nun ein Junge oder Mädchen war. Es konnte durchaus auch passieren, dass ein Junge auch einmal einen roten Pullover trug oder ein Mädchen eine blaue Hose.

Geboren 1997

Luna Marie Schweiger, 11. Januar 1997. Als Zehnjährige gab sie zusammen mit ihrem Vater, dem Schauspieler und Produzenten Til Schweiger, ihr Debüt in der Komödie „Keinohrhasen".

Liam Mockridge, 17. Januar 1997. Der Kölner stand schon mit sieben vor der Kamera. 2010 übernahm er die Rolle des Max Mederling in der Serie „Krimi.de", die auf Kika lief.

Chloe Grace Moretz, 10. Februar 1997. Die amerikanische Schauspielerin ist bekannt aus „Kick Ass".

Prince Michael Jackson I., 13. Februar 1997. Er ist der älteste Sohn von Michael Jackson, einem der erfolgreichsten Entertainer aller Zeiten.

Maisie Williams, 15. April 1997. Die britische Schauspielerin wurde mit der Fantasy-Serie „Game of Thrones" bekannt. Kritiker überhäuften sie für ihre Darstellung der Arya Stark mit Lob und Preisen.

Malala Yousafzai, 12. Juli 1997. Die pakistanische Kinderrechtsaktivistin und Weltveränderin setzt sich seit ihrem 11. Lebensjahr für das Recht von Mädchen auf Bildung in ihrer Heimat ein. Außerdem bloggt sie für den britischen Sender BBC. Im Alter von 15 überlebte sie nur knapp ein Attentat der Taliban, die sie auf dem Schulweg niederschossen. 2014 erhält sie als bisher jüngste Kandidatin den Friedensnobelpreis. Malala Yousafzai lebt in England, im Herbst 2013 erschienen ihre Memoiren in 27 Ländern der Welt – allerdings nicht in ihrem Heimatland Pakistan.

Bella Thorne, 8. Oktober 1997. Als amerikanische Tänzerin, Schauspielerin und Model zierte sie schon seit frühester Kindheit die Titelseiten ungezählter Zeitschriften, außerdem modelt sie in vielen Werbespots. 2003 war sie erstmals in „Unzertrennlich" zu sehen, es folgten Sitcoms und Tanzserien.

Eine von uns 97ern:
Kinderrechtsaktivistin Malala Yousafzai.

Der Schritt ins neue Jahrtausend

Ein neues Jahrtausend

Der Jahrtausendwechsel beschäftigte die Menschen in jeder Hinsicht, kein Wunder, schließlich kommt ein solches Ereignis nur alle 1000 Jahre vor. Uns war das aber nicht bewusst. Wir waren bei diesem Wechsel vom 20. ins 21. Jahrhundert noch zu klein, um so aufgeregt zu sein wie der Rest der Menschheit. Der nämlich stellte sich viele Fragen: Was beispielsweise würde mit der Computertechnik passieren, wenn um Mitternacht das Datum von 1999 auf 2000 umspringen würde? So manche Unke prophezeite Schlimmes: Vom Zusammenbruch der Nachrichtentechnik war die Rede, davon, dass Krankenhäuser auf Notbetrieb umstellen müssten, dass alle Computer dieser Erde abstürzen würden. Es gab zig Chaos-Theorien. Um es kurz zu machen: Es ist nichts Spektakuläres passiert. Nirgends. Es brach einfach ein neues Jahr-

Chronik

8. April 2000
Die erste deutsche Babyklappe wird in Hamburg-Altona eingerichtet.

14. Juni 2000
Deutschland beginnt den Atomausstieg.

14. Oktober 2000
„Harry Potter und der Feuerkelch" erscheint mit einer Startauflage von einer Million Exemplaren in Deutschland.

2. Januar 2001
Die Bundeswehr beginnt mit der Grundausbildung von Frauen an der Waffe.

20. Januar 2001
George W. Bush wird zum neuen Präsidenten der USA vereidigt.

16. März 2001
Das deutschsprachige Internetlexikon Wikipedia geht ins Netz.

18. März 2001
Die Gewerkschaft ver.di wird gegründet.

2. Juli 2001
Die ersten Frauen beginnen bei der deutschen Bundeswehr eine Offizierslaufbahn.

11. September 2001
Terroristen steuern Flugzeuge in die Türme des World Trade Centers. Über 3000 Menschen kommen ums Leben.

23. Oktober 2001
Der iPod von Apple kommt auf den Markt.

1. Januar 2002
Der Euro wird in zwölf Staaten der Europäischen Union als neue Währung in Umlauf gebracht.

26. April 2002
Amoklauf von Erfurt. Der Schüler Robert Steinhäuser tötet 16 Menschen am Gutenberg-Gymnasium mit einer Handfeuerwaffe und begeht Suizid.

12. Oktober 2002
Bei einem Bombenanschlag auf eine Diskothek auf Bali werden 202 Menschen getötet und 209 verletzt.

Ein denkwürdiges Silvester:
Wir waren beim Jahrtausendwechsel dabei.

tausend an. Aber das ist ja eigentlich schon spektakulär genug. Deshalb war das Angebot an Millennium-Partys auch riesig. Wer immer konnte, suchte sich einen besonderen Ort, an dem er das neue Jahrtausend begrüßen konnte – unsere Eltern wissen garantiert heute noch alle, wo sie diesen ganz besonderen Jahreswechsel verbracht haben – selbst wenn sie mit uns und vielleicht noch kleineren Geschwistern nur daheim auf dem Sofa gesessen haben.

Das neue Jahrtausend fing auch gut an, es begann sozusagen mit einer Welle der Euphorie. Die beendete die zähe Mutlosigkeit, die die letzten Jahre der 90er über dem Land gelegen hatte. Denn 1997 war gar nicht so lustig, wie es uns aus dem Rückblick vielleicht erscheint. Erst acht Jahre waren seit der Wiedervereinigung vergangen, es knirschte noch ein bisschen, als die elf alten und die fünf neuen Bundesländer zur neuen Bundesrepublik zusammenwuchsen. Die zählte 1997 mehr als 4,3 Millionen Arbeitslose. Der damalige Bundespräsident Roman Herzog forderte in diesem Jahr in seiner berühmten Berliner „Ruck-Rede" mehr Zuversicht: Statt Zukunftsangst müssten die Deutschen endlich wieder Mut und Selbstvertrauen üben.

Unsere Eltern taten das, sie packten ihr und damit auch unser Leben an. Sie bauten Häuser, suchten für ihre wachsenden Familien größere Wohnungen, schafften sich einen Kombi oder einen Van an. Diese praktischen Großraumlimousinen wurden in den 90er-Jahren immer beliebter. Damit kurvten sie uns durch die Gegend. Seitdem Renault mit dem „Espace" in den 80er-Jahren groß rausgekommen war, setzten immer mehr Automobilhersteller auf die geräumigen Gefährte, mit denen man den Nachwuchs in den Kindergarten kutschen, aber auch problemlos samt Kind und Kegel in den Urlaub fahren konnte. Und so erfreuten sich doch Autos, die bis dahin als typische Handwerkerfahrzeuge angesehen wurden, auch bei Familien plötzlich großer Beliebtheit. Die praktischen Hochdachkombis legten zwar keinerlei Schwerpunkt aufs Thema Lifestyle, wohl aber auf den Aspekt der Alltagstauglichkeit.

Unsere Eltern setzten auf größere Fahrzeuge, wir waren geflasht von unseren ersten Gefährten, den Bobby Cars.

![Mit 3 Jahren kamen wir in den Kindergarten: Ein Meilenstein in unserer Entwicklung.]

Mit 3 Jahren kamen wir in den Kindergarten:
Ein Meilenstein in unserer Entwicklung.

Kindergarten erst ab 3

Wir gehören zu einer der letzten Generationen, die ihre ersten drei Lebensjahre zu Hause verbrachten. Eine U-3-Betreuung, ein Begriff, der heute allen Eltern locker über die Lippen geht, war lange noch nicht selbstverständlich. Zu unserer Zeit war das sowohl für Eltern als auch für die meisten Erzieherinnen nicht so recht vorstellbar. Um damals ein Kindergartenkind sein zu können, musste man bestimmte Voraussetzungen erfüllen. Erstens: Man musste drei Jahre alt sein. Erst ab diesem Stichtag standen einem die Türen der Kita sperrangelweit offen. Und zweitens: Man musste trocken sein, also selbst sagen können, dass man zur Toilette musste. Die Vorstellung, dass die Erzieherinnen Kinder nicht nur mit Zuwendung und Spielzeug, sondern auch mit frischen Windeln versorgen sollten, galt damals noch als absurd.

Deshalb blieben wir zu Hause, bis wir kurz nach unserem 3. Geburtstag sehr stolz und auch ein bisschen ängstlich an der Hand unserer Eltern zum ersten Mal in den Kindergarten marschierten – ein Meilenstein in unserer Entwicklung.

Dabei war es ja gar nicht so, dass unsere Mütter damals nicht dankbar gewesen wären für ein wenig Entlastung oder auch die Chance, früher in ihren Beruf zurückzukehren. Es war nur so, dass im Westen des Landes der Begriff „Rabenmutter" noch immer ganz leise durch den Raum waberte, wenn eine Frau den Nachwuchs mit ein oder zwei Jahren zur Tagesmutter brachte, um wieder arbeiten gehen zu können. Was in Ostdeutschland seit vielen Jahren

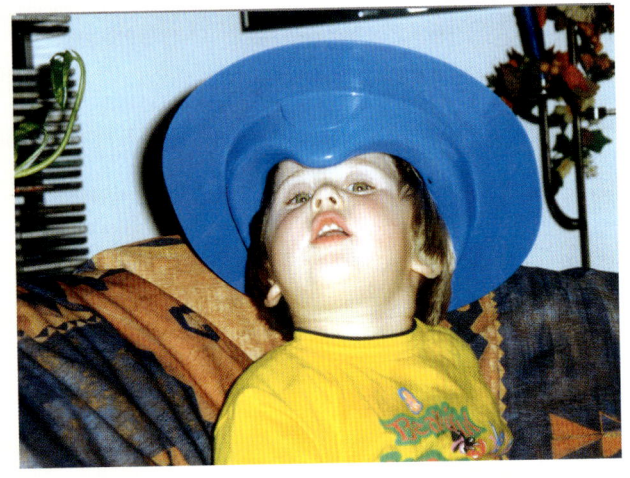

Das Thema „Trockenwerden"
gingen viele auch ganz
locker und ohne Stress an.

selbstverständlich war, galt in Westdeutschland noch immer als ein bisschen suspekt. So warteten die meisten Eltern brav bis zum 3. Lebensjahr der Sprösslinge ab, bis sie die ersten Tupperdosen fürs Frühstück im Kindergarten packten. Doch so schön es war, das Kind mal für einen Vormittag los zu sein – die meisten Mütter standen dann, als es ernst wurde und wir das erste Mal hinter Türen mit der Aufschrift „Bären-" oder „Schneckengruppe" verschwanden, mit Tränen in den Augen draußen.

Als es dann endlich so weit war, dass wir in den Kindergarten kamen, verschwanden wir nur bei extrem schlechtem Wetter hinter bunt bemalten Hausfassaden – wir waren diejenigen, die gefühlt ständig nach draußen verschleppt wurden, um die Natur kennenzulernen. „Waldkindergarten" lautete das Zauberwort. Wir bauten Hütten, sammelten Blätter, blickten kritisch auf Pilze, testeten gerne mal das ein oder andere Tier auf seine Schmackhaftigkeit hin und erhielten damit erste Eindrücke aus und in der Natur. Auch wenn Anorak und Gummistiefel abends einheitlich matschbraun und wir rechtschaffen müde waren – die Tage draußen waren echte Erlebnisse.

Das Konzept des Waldkindergartens setzte auf viel frische Luft.

Eine neue Dimension des Terrors

Das Ende aller Normalität war am 11. September 2001 erreicht. Nichts prägte das zweite Jahr im neuen Jahrtausend so sehr wie die Terroranschläge auf das World Trade Center in New York und das Pentagon in Washington. An diesem Dienstag saßen die Menschen auf allen fünf Kontinenten geschockt vor den Fernsehern und sahen in endlosen Wiederholungen, wie Terroristen Flugzeuge in die beiden Türme des World Trade Centers steuerten, die dort explodierten. Die beiden New Yorker Wahrzeichen fielen nur kurze Zeit später in einer unvorstellbaren Staubwolke in sich zusammen. Bei 9/11 – die amerikanische Schreibweise des Datums ist zugleich auch die amerikanische Notrufnummer 911, das Datum war also ganz bewusst gewählt – kamen rund 3000 Menschen ums Leben. Der Terror dieses Tages gilt als historischer Einschnitt: Die Welt hatte sich an diesem Tag unwiderruflich verändert. Der Afghanistankonflikt verschärfte sich, der Irakkrieg begann.

Damals hing das Telefon noch an festen Schnüren.

Keine iPads, keine Smartphones

Wir waren eine der letzten Generationen, die ohne iPad und Smartphones aufwuchsen. Die noch Telefone mit Wahlscheiben und langen Schnüren kannten, welche sich ewig verdrehten und deshalb immer kürzer wurden. Oder die sich verregnete Sonntage oder trübe Nachmittage mit ihren Kaufmannsläden oder kunterbunten Kinderküchen vertreiben konnten. Die Filme nicht auf dem Laptop, sondern auf dem Fernseher schauten. Und die gerne die Songs von Kinderliedermachern auf einem dieser kleinen bunten Kassettenrekorder hörten, die aus deutschen Kinderzimmern nicht wegzudenken waren. Die Kassettenrekorder trieben uns manches Mal zum Wahnsinn, wenn sie mitten in der spannendsten Geschichte oder im lustigsten Lied das Band einzogen und „fraßen". Dann waren wir aufgelöst und aufgeschmissen, weil wir Eltern oder Geschwister rufen mussten, die den Bandsalat

4. bis 6. Lebensjahr

Nicht nur angehende Einzelhandelskaufleute fanden Spaß an den Verkaufsständen.

Bunte Kinderkassettenrekorder dudelten ein ums andere Mal Lieder von Rolf Zuckowski und Detlef Jöcker.

wieder sortierten. Doch wenn die Kiste lief, dudelten wir endlos Lieder von Rolf Zuckowski, Detlef Jöcker oder Volker Rosin, der bekannte Oldies wie den Beatles-Song „Obladi-Oblada" in neue Kinderhits umwandelte. Das klang für uns super – genau wie Zuckowskis „Wie schön, dass du geboren bist", „Lieder, die wie Brücken sind" und „In der Weihnachtsbäckerei". Davon konnten wir nicht genug bekommen. Deshalb drückten wir auch gerne zehn Mal hintereinander den Start-Knopf. Und sorgten so ein ums andere Mal dafür, dass das Nervenkostüm unserer Eltern langsam, aber sicher zerfranste.

Der Drache, der Ritter und die Teletubbies

Viele von uns mochten die Kinderbücher mit beigelegter Musik-CD von „Ritter Rost": Jener Figur des Schriftstellers Jörg Hilbert, die sich für stark und mutig hält, in Wahrheit aber schreckliche Angst vorm Drachen Koks hat und sich deshalb lieber mit seinem Teddy ins Bett verkriecht. Die vielen Abenteuer des Ritters, der aus Schrott gebaut ist und zum Frühstück gerne Büroklammer-Müsli isst, erschienen ab 1994 – und begleiteten viele von uns so durch ihre gesamte Kindheit.

Ritter Rost befand sich in guter Gesellschaft – auch der kleine grüne Drache Tabaluga war treuer Gefährte unserer Kindheit. Der Musiker Peter Maffay hatte ihn zusammen mit seinem Texter Gregor Rottschalk und dem Kinderliedermacher Rolf Zuckowski 1983 erdacht. Von 1997 bis 2004 flimmerte die Zeichentrickserie über die Fernsehbildschirme. Nicht nur in Deutschland, in über 100 Ländern der Erde waren die Geschichten von dem kleinen Drachen, der auf eine große Reise ging, um die Vernunft, das Glück und die Fantasie zu finden, ein riesiger Erfolg. Maffay brachte die Geschichten immer wieder mit vielen prominenten Künstlern auf die Bühne.

Es war ein buntes Unterhaltungsprogramm, das uns geboten wurde: Nicht nur Tabaluga ging im Jahr unserer Geburt das erste Mal auf Sendung, auch Kika, der Kinderkanal von ARD und ZDF. Der sendete 1997 erstmals Informationen, Geschichten, Videos und Bilder eigens für Kinder. Anfangs bestand das Programm vor allem aus Serien und Sendungen, die auch im Ersten oder Zweiten zu sehen waren. Darunter Magazine wie Tabaluga tivi, Löwenzahn, Die Sendung mit der Maus, die Astrid-Lindgren-Verfilmungen und die Augsburger Puppenkiste. Es dauerte ein bisschen, bis Kika ein eigenes Profil erhielt und die Zielgruppe der Drei- bis 13-Jährigen mit eigenen Formaten ansprach. Schließlich wurden bei Kika immer mehr Serien zum ersten Mal ausgestrahlt, so wie beispielsweise Schloss Einstein, eine Seifenoper über das Leben im Internat. Nicht

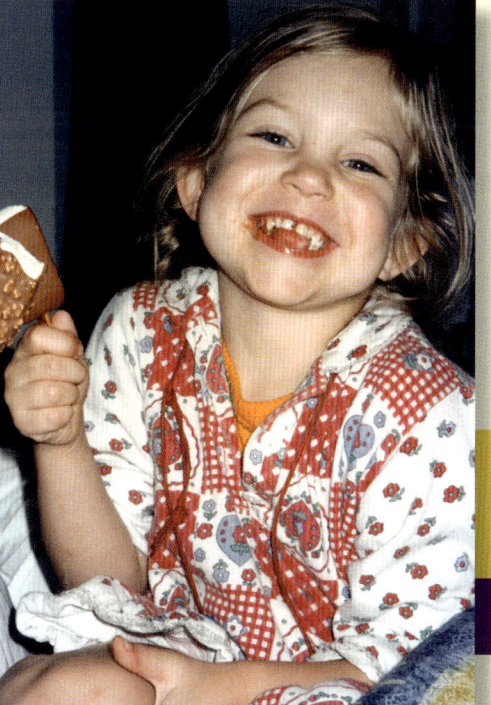

wohl zuletzt deshalb stellten sich viele Kinder das Leben im Internat einfach super vor: Das, so dachten viele, sei bestimmt zigmal spannender als das ganz normale Leben zu Hause.

Und wir waren diejenigen, die mit den Teletubbies aufwuchsen – schließlich wurde die Serie 1997, also in unserem Geburtsjahr, erstmals für Kleinkinder produziert. Der Begriff Tubby leitet sich vom englischen Begriff für „rundlich" ab.

Noch lieber als Kindermusik mochten wir Eis: Wenn es abends noch eines gab, war das ein super Tagesabschluss.

Und genau das sind die vier Figuren, die sich nur durch ihre Körperfarbe und die Form der Antennen auf ihrem Kopf unterscheiden. Tinky-Winky (lila), Dipsy (grün), Laa-Laa (gelb) und Po (rot) leben in einer surrealen Gartenwelt und beschäftigen sich mit simplen Dingen. Sie singen, kochen, backen, schlafen im Teletubby-Haus. Die Sendungen richten sich an Kinder bis fünf Jahre und sind einfach strukturiert – es ist der Begriff Staunfernsehen, der mit den Teletubbies einhergeht. Kritiker wiesen immer wieder auf die sehr kindliche Sprache und den damit verbundenen geringen Lerneffekt hin. Wir aber liebten die pummeligen bunten Figuren und deren ständigen Ausruf: „Nomal, nomal!", der am Ende einer jeden Geschichte zu hören war. Unsere Eltern ließen sie uns sehen, aber meist nur mit einem schlechten Gewissen – sie fanden die eindimensionalen Figuren schrecklich. Die lustigste Kritik aber äußerte 1999 der amerikanische Baptisten-Prediger Jerry Falwell, allerdings nicht am seichten Sprachniveau. Falwell warnte Eltern vielmehr vor der homosexuellen Ausrichtung der Teletubbies. Tinky-Winky sei lila (die klassische Farbe der Schwulen) und trage eine Handtasche (die eigentlich eine magische Tasche sein sollte). Das sei Beweis genug für Tinky-Winkys homosexuellen Lebensstil, der sehr schädlich für Kleinkinder sei. Jerry Falwells Argumentation leuchtete anscheinend vor allem vielen Polen ein: Noch 2007 überlegte man im katholisch geprägten Land, ob man die Teletubbies nicht lieber doch aus dem Programm nehmen sollte.

Wir wären ja in diesem Leben bestimmt auf viele Einfälle gekommen, garantiert aber nicht auf diesen. Und selbst wenn Tinky-Winky tatsächlich auf Männer stehen würde: „Nomal, nomal!" würden die Teletubbies sagen. Und wir würden nicken. Das Leben ist eben bunt. Und das ist gut so.

Karaoke kannten wir noch nicht

Wenn das Fernsehen mal nichts zu bieten hatte – oder uns nichts bieten durfte, weil wir schon zu lange vor der Kiste gehockt hatten – gestalteten wir unser eigenes Programm:

Auch wenn wir gerne rund um die Uhr Fernsehen geschaut hätten: Ab und zu mussten wir uns anderweitig beschäftigen, wie hier mit dem Kinderrekorder.

Oft auch mit dem Kinderrekorder, auf
dem wir unsere Stimmen auf ihre
Medientauglichkeit prüften, indem wir
Lieder sangen oder auch – Gerät war
für uns schließlich Gerät – das
Telefonieren übten. Den Begriff
Karaoke, der so viel wie „ohne
Orchester" bedeutet, kannten wir
noch lange nicht, doch trällerten auch wir fröhlich in die billigen Mikrophone.

Wer das Glück hatte, in einem Haus mit Garten zu wohnen oder in einer
verkehrsberuhigten Gegend, der konnte sich nach Herzenslust draußen
austoben. Wer noch mehr Glück hatte, besaß einen Hund. Der war zwar dann
schuld daran, dass man oft mit ihm und den Eltern spazieren gehen musste,
aber er bot im Gegenzug auch einen hohen Spaß- und Kuschelfaktor.

Einen großen Spaßfaktor, zumindest für viele Mädchen, besaßen auch die
Puppen von Baby Born und Barbie. Die Baby Born Puppen konnten weinen
und Pipi machen und forderten damit schon früh den Mutterinstinkt. Barbie
dagegen weckte eher den Wunsch, wie ein Model aussehen zu wollen. Die
meisten Mädchen freuten sich über eine spindeldürre Barbie-Puppe mit langen
blonden Haaren einfach ein Loch in den Bauch. Wer solch ein Geschenk zu
Weihnachten bekam, war über die Feiertage fein raus, da man mit dem Käm-
men und An- und Ausziehen des
neuen Spielzeugs zumindest
in den ersten Tagen
dauerbeschäftigt war.

Ob der Hund den Platz im
Körbchen wohl gerne teilt?

Der Euro löst die D-Mark ab

Mit der Einführung des Euro am 1. Januar 2002 erhielt einer der größten Wirtschaftsräume der Welt eine gemeinsame Währung. 320 Millionen Menschen hatten mit einem Mal das gleiche Geld im Portemonnaie. Doch auch wenn schon monatelang zuvor jede Ware in DM und Euro ausgezeichnet worden war – in diesen ersten Wochen hatte noch niemand ein Gefühl für das neue Geld und dessen Wert. Daran änderte es auch nichts, dass man schon im Dezember 2001 in den Banken sogenannte Starter-Kits kaufen konnte. Für 20 deutsche Mark bekam man etwas mehr als 10 Euro. Doch trotz aller Vorbereitung: Der Schock war bei unseren Eltern im

Unsere Eltern wussten oft nicht, ob sie der ehemals „harten" Mark hinterhertrauern oder die neue Währung begrüßen sollten.

Supermarkt angesichts der neuen Währung und Preise in den ersten Eurotagen groß, denn plötzlich schien alles doppelt so teuer. In Deutschland galt die Regel: Zwei D-Mark sind ein Euro. Die Skepsis war anfangs groß. Viele Menschen trauerten um die D-Mark. Und hatten Angst, dass die neue Währung eine hohe Inflationsrate nach sich ziehen könnte.

Der Kindergarten war bald vorbei

Dauerbeschäftigt waren wir auch mit dem Fahrradfahren, beziehungsweise damit, es erst einmal unter Aufsicht unserer Eltern zu erlernen. Für die meisten von uns war der Weg dahin mit Pflastern gepflastert: Beim Radfahren, das kapierten wir sehr schnell, gibt es reichlich Gelegenheit, sich Schürfwunden aller Art zuzuziehen. Die Stützräder, die unsere ersten wackeligen Versuche anfangs noch abfingen, waren

Stützräder bewahrten uns vorm freien Fall: Das Radfahren musste man erst üben.

Die Zeit im Kindergarten flog nur so dahin: Bald würden aus uns Grundschulkinder werden.

zwar eine sichere, aber auch völlig uncoole Sache. Wir freuten uns wie ein Mops, als unsere Väter sie endlich abmontierten: Wir waren groß. So fühlte es sich zumindest an, als wir auf zwei Rädern der Freiheit oder zumindest dem nächsten Spielplatz entgegenrollten.

Die Zeit im Kindergarten raste nur so dahin. Es dauerte nicht lange und wir waren dort plötzlich nicht mehr die Jüngsten, sondern eben schon die „Schulkinder", also diejenigen, die demnächst eingeschult würden. Meist gab es dort noch ein tolles Fest – wenn man Glück hatte, auch noch eines, bei dem man sich verkleiden konnte, dann war das Kapitel Kindergarten abgeschlossen. Die Schule wartete.

Wir wollten gerne helfen: Auch wenn das Werkzeug oft größer war als wir selbst.

Elbhochwasser – ein Land unter Wasser

Jahrhundertflut, Jahrtausendflut: Kein Begriff scheint ausreichend, um die verheerenden Ausmaße des Hochwassers zu verdeutlichen, das im August 2002 die Flüsse quasi aus ihren Betten holte. Am 17. August 2002 erreichte der Hochwasserstand der Elbe mit 9,40 m den absoluten Höchststand. Aus kleinen Flüssen wurden reißende Ströme, die Autos, Bäume, Brücken und Häuser fortrissen und Schäden in Milliardenhöhe anrichteten. Dresden, Meißen, Pirna – in Sachsen herrschten Land unter und Katastrophenalarm.

4. bis 6. Lebensjahr

Endlich:
Die Schule beginnt

Unsere Ranzen waren kreischend bunt –
damit waren wir nicht zu übersehen.

Die Zuckertüte und der bunte Ranzen

Wir lernten schon als Vor- und Grundschulkinder
vieles. Unsere beliebtesten Lehrer waren zweifels-
ohne die Bewohner der Sesamstraße. Die gab es
zwar schon seit 1971, doch das minderte ihre
Faszination kein bisschen. Ernie und Bert gelten
noch heute als Inbegriff der unverbrüchlichen
Freundschaft, mit dem mathematisch begabten
Vampir „Graf Zahl" lernten wir das Zählen, vom
dubiosen Buchstabenverkäufer Schlemihl erfuh-
ren wir, wie ein ordentliches A und E auszusehen
hatten.

Endlich 6: Schule, wir kommen!

Chronik

1. Februar 2003
Die Raumfähre Columbia verglüht
15 Minuten vor der Landung auf Cape
Canaveral. Alle sieben Besatzungsmit-
glieder kommen ums Leben.

13. März 2003
Der Bundestag beschließt eine Verlänge-
rung der Öffnungszeiten bis 20 Uhr. Vorher
galt 18 Uhr.

20. März 2003
Die USA beginnen den Irak-Krieg.

12. Oktober 2003
Rennfahrer Michael Schumacher wird zum
sechsten Mal Formel-1-Weltmeister.

4. Februar 2004
Der Student Mark Zuckerberg startet an der
Harvard Universität das Unternehmen
Facebook als Plattform für Kontakte der
Kommilitonen untereinander.

11. März 2004
Schwerer Terroranschlag in Madrid. Die
schreckliche Bilanz: 191 Tote, 1500 Verletzte.

23. Mai 2004
Horst Köhler wird Bundespräsident.

26. Dezember 2004
Ein Tsunami im Indischen Ozean fordert
230 000 Todesopfer.

2. April 2005
Papst Johannes Paul II. stirbt. Der
deutsche Kardinal Joseph Ratzinger wird
sein Nachfolger (Benedikt XVI.) Die
Bildzeitung titelt: „Wir sind Papst."

22. November 2005
Die Physikerin Angela Merkel, bis dahin
Bundesvorsitzende der CDU, wird als erste
Frau Bundeskanzlerin.

28. Mai 2006
Der neue Berliner Hauptbahnhof geht in
Betrieb.

9. Oktober 2006
Nordkorea testet zum ersten Mal eine
Atombombe.

8. Dezember 2006
Nintendo bringt die Wii-Konsole auf den
Markt.

So wussten wir schon einiges, als wir
endlich in die Schule kamen. Die
meisten von uns freuten sich riesig auf
den großen Tag, an dem wir mit der
Zuckertüte im Arm das erste Mal das
Schulgebäude betreten würden. Schon
Monate zuvor beschäftigte uns nur
noch eine einzige Frage – welchen
Ranzen wir wählen sollten. Viele
Tornister waren einfach bunt und mit
riesigen Reflektoren versehen – die
machten das Fotografieren am Einschu-
lungstag oft schwierig, weil alle Fotos
nur so blitzten.

Dafür war die Diddl-Maus als Motiv
für Mäppchen, Radiergummis, Stifte
umso beliebter. Grafiker Thomas Goletz
hatte sie 1990 erfunden – aber nicht
etwa als Comicfigur, die in Büchern
oder Trickfilmen groß rauskam, sondern
ganz gezielt als Kitsch-Produkt, das
sich gut verkaufen lassen sollte. Und
dieser Plan ging nicht nur auf, er

7. bis 10. Lebensjahr

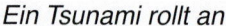

Reflektoren waren Pflicht: Die stabilen neuen Ranzen konnten alles – nur nicht fotografiert werden.

übertraf sogar alle Erwartungen. Es war, als hätte die ganze Welt auf die tollpatschige Maus gewartet. Bald gab es um die 1000 Diddl-Produkte, angefangen vom Block und Bleistift bis hin zu Bettwäsche und Badeschaum. Viele von uns konnten noch lange nicht schreiben, als sie schon Diddl-Blöcke sammelten und die Motive mit Freunden tauschten. Auswahl gab es genug. Die Idee von Thomas Goletz, eine gut gelaunte Maus mit großen Füßen auf den Markt zu bringen, zahlte sich aus. Der Umsatz lag jahrelang bei um die 150 Millionen Euro. Knapp 25 Jahre lang grinste Diddl von Kaffeebechern, Ranzen, Autoscheiben, dann dankte der Mäusekönig ab. Denn Ende 2014 hieß es „Aus die Maus": Die Diddl-Produktion wurde eingestellt. Mit der Maus ließen sich einfach keine Mäuse mehr verdienen.

Ein Tsunami rollt an

Es war eine Katastrophe unvorstellbaren Ausmaßes, die am 26. Dezember 2004 über die Bewohner der Küsten des Indischen Ozeans hereinbrach. Am Morgen des zweiten Weihnachtstages löste ein Erdbeben vor der Küste Sumatras zahlreiche Tsunamis aus. Die Riesenwellen überspülten Küstengebiete und Urlaubszentren. 230 000 Menschen starben, davon allein in Indonesien rund 165 000. Über 110 000 Menschen wurden verletzt, 1,7 Millionen Küstenbewohner obdachlos.

Nichts ging über Pokémon

Wir waren mit Markenprodukten also gut versorgt, als wir in die Schule kamen, wir gehörten zu einer Generation, der es an nichts mangelte. Vier Jahre lang trugen wir unsere reflektierenden Ranzen am Rücken in die Grundschule und lernten dort mehr oder weniger schnell lesen, schreiben, rechnen. Die Schule war der erste Schritt aus der Obhut unserer Eltern: Wandertage und Klassenfahrten standen an, wir lernten, dass es auch ein Leben gab, in dem wir nicht ständig an Mamas oder Papas Hand kleben mussten.

Und wir lernten den Begriff der Freundschaft neu zu definieren: Die Schulfreunde hatten plötzlich einen anderen Stellenwert als noch zuvor die Kumpels aus dem Kindergarten. Wir trafen uns nach Schulschluss, Mittagessen und Hausaufgaben, um Pokémon-Karten zu kaufen, zu sammeln, zu sichten und zu tauschen. Der Begriff Pokémon setzte sich aus dem englischen „Pocket Monster" (Taschenmonster) zusammen und bezeichnete die Fantasiewesen in der gleichnamigen Videospielserie, die zu den erfolgreichsten Produkten der modernen Spiele-Industrie zählten: Sie sorgten für einen Milliardenumsatz. Damit hatte niemand gerechnet. Gerade einmal 200 000 Exemplare hatte Nintendo 1996 erstmals an den Handel ausgeliefert – nicht ahnend, dass ein Boom ausbrechen würde, der sogar den tot geglaubten Gameboy wieder beleben würde.

Wir waren genau die Generation, die die rasante technische Entwicklung von Kindesbeinen an verfolgte – und mit der allergrößten Selbstverständlichkeit auch hinnahm. Zu Kindergartenzeiten hörten wir noch Kassetten, in der

Wir kauften, tauschten, sammelten, liebten sie: Mit Pokémon-Karten spielten wir stundenlang.

29

Grundschulzeit dagegen gehörten CDs zum Alltag. Doch deren beste Zeiten waren schon vorbei, als wir unsere ersten CDs von Tokio Hotel kauften: knapp 134 Millionen Compact Discs wurden 2001 verkauft, danach sank ihre Zahl immer weiter. 2010 lag sie schon bei weit unter 100 Millionen Exemplare. Kein Wunder: Die Zeit der Downloads brach an. Es dauerte aber noch ein bisschen, bis wir uns Musik aus dem Internet herunterluden, noch waren wir schwer mit unserem Kassettenrekorder und CD-Playern zugange. Wir liebten Hörbücher und ließen uns zum Einschlafen „Die unendliche Geschichte", TKKG, Die Conni-Bücher oder „Das Sams" vorlesen. Wenn unsere Eltern dazu keine Zeit hatten, war das nicht mehr allzu tragisch. Erstens konnten wir nun selber lesen, und zweitens: Der CD-Player funktionierte immer. An stets verfügbaren Vorlesern herrschte also kein Mangel.

Doch auch wenn die Digitalisierung ihren Lauf nahm, beschäftigten wir uns nach wie vor mit ganz alltäglichen analogen Dingen. Die Mädchen liebten Polly Pocket, jene winzig kleine Welten und Figuren, die in bunten Plastikdosen verkauft wurden. Die hatten oft nur einen Durchmesser von knapp 10 Zentimetern und boten trotzdem viele Ansichten: Das Innere war als Gebäude gestaltet, in dem die Püppchen wohnten, einkauften, arbeiteten, Urlaub machten und vieles mehr. Das war faszinierend, aber auch mühsam, denn oft waren die winzigen Figürchen einfach weg und man musste stundenlang suchen, um sie wiederzufinden. Nicht selten war es unmöglich, ins Bett zu gehen, ohne dass die Welt in der Dose komplett und vollständig war. Und es gab ein weiteres Ding, das Mädchen einfach begeisterte: Sie flochten unverdrossen aus dünnwandigen PVC-Schläuchen jene bunten Bänder, die nach und nach jeden Schlüsselbund im Land zu zieren schienen. Das Scoubidou-Knüpfen aber geriet 2004 in

Winzig und wichtig: Polly Pocket lebte in ihrer eigenen Welt oder besser: in ihrer Spielzeugdose.

die Kritik. Die Kunststoffbänder enthielten Weichmacher, die Gesundheitsschä-
den verursachen und das Krebsrisiko erhöhen sollten – gerade bei Kindern.

Die Jungs standen nicht aufs Flechten, sondern vielmehr aufs Kämpfen: Sie
lagen in diesen Jahren oft am Boden und ließen ihre Beyblades in den Arenen
auf die ihrer Kumpels los. Die Metallkreisel tanzten in rasender Geschwindig-
keit am Boden und waren heiß begehrt: Von 2000 bis 2005 zählten die Kreisel-
tänze, die aus einer japanischen Mangaserie stammen, zu den weltweit
beliebtesten Spielen. In diesen vier Jahren wurden über 100 Millionen Stück
verkauft.

Tokio Hotel

*Die Single „Durch den Monsun" war der
erste von vielen sensationellen Erfolgen
einer Band, die polarisierte wie kaum eine
zweite: Tokio Hotel wurde 2001 gegründet
und sprengte ab 2005 alle Verkaufs-
rekorde. Die Magdeburger Zwillinge Tim
und Bill Kaulitz (1.9.1989), Gustav Schäfer
(8.9.1988) und Georg Listing (31.3.1987),
bildeten die kommerziell erfolgreichste
deutsche Band der ersten zehn Jahre des
neuen Jahrtausends. Das Debütalbum
„Schrei" verkaufte sich 1,5 Millionen Mal,
auch das zweite Album „Zimmer 483"
(2007) und das dritte „Humanoid" (2009)
waren Megaseller. Tokio Hotel hatte viele
junge weibliche Fans – und fast noch
mehr ältere männliche Kritiker.*

*2010 zog sich Tokio Hotel zurück, der
Druck der Öffentlichkeit war zu groß
geworden. Im Herbst 2014 präsentierte
sich die Band mit neuem Look und neuer
Platte.*

Geschicklichkeitsspiele: Damit konnten wir uns stundenlang beschäftigen.

Das Spielzeug wurde digital

Es gab aber auch andere faszinierende Dinge: Pedalos und Cityroller forderten Balance und Geschicklichkeit und hielten uns zur Freude unserer Eltern meist lange draußen an der frischen Luft. Genauso gerne aber warfen wir uns wieder drinnen auf den Teppich und stellten mit den spacigen Gestalten der außerirdischen Bionicles – jenen Figuren, die die Umsätze der Firma Lego ab 2001 steigerten – eigene spannende Geschichten nach.

Doch ganz neue, moderne Spielzeuge holten uns vom Boden an die Bildschirme. Manche spielten noch mit dem Gameboy, als andere schon zu Nintendo DS griffen: Als der 2005 rauskam, waren wir Grundschüler völlig fasziniert. Ein Gerät mit gleich zwei Bildschirmen! Wahnsinn!

Für manche knapp Zehnjährige war die Anschaffung eines solchen Geräts die erste größere Investition, auf die sie monatelang eisern das Taschengeld gespart hatten. Wer kein Haustier halten durfte, bekam jetzt am Computer die Chance, eines zu halten. Viele waren verrückt nach jenem Spiel, mit dem sie virtuelle Hunde halten, füttern, bürsten und ausführen konnten. So manches Kind stand sonntagmorgens extra früher auf, um mit dem Nintendogs-Hund ja rechtzeitig Gassi gehen zu können – auch wenn man natürlich wusste, dass das ja eigentlich kompletter Unsinn war. Dennoch: Niemand wollte sein Haustier vernachlässigen, selbst wenn es nur ein virtuelles war.

Andere mochten allerdings schnelle Autos wesentlich lieber als kuschelige Tiere. Fast alle hatten Super Mario Kart DS, bei dem man auch gegeneinander Rennen fahren lassen konnte. Schon bald konnte sich niemand mehr vorstellen, dass man früher mal stundenlang Autoquartett gespielt und Hubräume, Weitreichen und PS-Zahlen verglichen hatte. Und auch die Carrerabahnen, Playmobilfiguren und Legosteine, die in unseren Kinderzimmern über viele Jahre gestanden hatten, packten wir in Kisten und verfrachteten sie in Keller, Dachböden oder auch einfach nur ins Zimmer unserer kleinen Geschwister.

Wir machten immer größere Sprünge

Wir wurden größer und damit in jeder Hinsicht wählerischer. Sackhüpfen und Topfschlagen waren schon lange nicht mehr die Renner auf Kindergeburtstagen. Auch für Schnitzeljagden oder fürs Basteln und Batiken fühlten wir uns schon bald zu alt. Bis dahin hatten wir noch mit großem Entzücken ganze Nachmittage lang weiße T-Shirts eingefärbt und mit Fäden und Schnüren lustige Muster eingearbeitet.

Größere Sprünge konnten wir uns nirgends leisten: In vielen Gärten stand ein Trampolin.

Die Geburtstagsbelustigungen wurden immer ausgefeilter: Statt Sackhüpfen standen schon bald Besuche im Schnellrestaurant an, …

… wo man den Hamburgerbratern über die Schulter schauen konnte.

Keinesfalls zu alt aber fühlten wir uns fürs Feiern in Fastfood-Restaurants, wo man als Geburtstagskind ein Krönchen aufgesetzt bekam und zusehen durfte, wie Hamburger gebraten und Pommes ins heiße Fett getaucht wurden. Super waren auch die Geburtstage, die wir auf Kegelbahnen oder in Bowlingcentern verbrachten. Wer es da schaffte, die meisten Kegel umzuwerfen, kam ganz groß raus. Nicht selten bekam das Geburtstagskind in Sachen Berühmtheit dann Konkurrenz von einem eigenen Gast, der es in Sachen Sportlichkeit toppte. Das war dann nicht mehr so lustig.

Nichtsdestotrotz standen wir nach wie vor auf coole Sportgeräte wie Trampolins. In vielen Gärten standen diese Matten, auf denen wir mal richtig große Sprünge machen konnten. Darauf hopsten wir alleine, aber viel lieber noch mit unseren Kumpels. Überhaupt gab es supertolle Spielsachen, die uns nicht nur begeisterten, sondern die auch viel Geschicklichkeit, Mut und Ausdauer von uns erforderten. Stelzen, Pedalos, Diabolos – wir mussten als Kinder tatsächlich nicht nur fernsehgucken, wenn wir uns prächtig amüsieren wollten. Die analoge Spielewelt – in der man sich auch gerne hin und wieder die Knie aufschlug – hatte uns jede Menge zu bieten.

Viel Wissen hatten aber auch die Kindersendungen im Programm – zumindest die, die ganz offiziell als pädagogisch-wertvoll angesehen wurden. Peter Lustig aus der Sendung Löwenzahn erklärte uns die Welt: Wir sahen ihn nicht nur im Fernsehen, sondern liebten auch seine Filme und Erklärungen auf CD-Rom, was extrem cool war. Peter Lustig wurde 2006 von Guido Hammesfahr als Fritz Fuchs abgelöst – was wir gar nicht lustig fanden. Und wir hatten viele Dinge schon bei Kika gelernt und gesehen: Dafür hatten nicht zuletzt die Kindernachrichten-

Sendung „Logo!" oder das Wissensmagazin „Wissen macht Ah!" gesorgt, das sich scherzhaft „die Sendung, die das Klugscheißen salonfähig macht" nannte. Die erklärte uns mit verständlichen Begriffen so manches bislang Unverständliche. Und sorgte dafür, dass wir buchstäblich von Kindesbeinen an lernten, Nachrichten zu schauen und uns für das Geschehen in der Welt zu interessieren.

Batiken war der Renner am Kindergeburtstag.

Das Kino war unsere Leidenschaft

Nicht nur das Fernsehen zog uns in seinen Bann: Wir sind die Generation, für die das Kino einfach eine völlig selbstverständliche Einrichtung ist. Computeranimierte Filme wie der Polar Express, Toy Story, Ice Age, Die Unglaublichen, Oben, Findet Nemo – all diese Kassenschlager sahen wir nicht etwa auf dem Fernseher oder auf dem iPad, sondern im Kino. Wer zu klein war, um über den Sessel direkt vor sich zu schauen, lernte schnell, dass es in jedem Kino auch eine Art Kindersitz gibt, der einen vom Zwerg zum Sitzriesen werden lässt. Verwandte, Bekannte, Paten – sie alle liebten es, uns in eine Nachmittagsvorstellung einzuladen. Wahrscheinlich einfach auch deswegen, weil sie mit uns endlich selbst mal die Chance und Ausrede hatten, eine Auszeit zu nehmen und ins Kino zu kommen.

Wir liebten das Highschool Musical, dessen erster Teil 2006 herauskam, sahen uns die DVD immer wieder an. Und gehörten damit weltweit zu den mehr als 250 Millionen Fans aus über 100 Ländern, die die ersten beiden Abenteuer der beiden Hauptdarsteller Gabriella (Vanessa Hudgens) und Troy (Zac Efron) mit Spannung verfolgten.

Angela Merkel, die erste Kanzlerin

Sie ist die erste Frau in der Geschichte der Bundesrepublik, die das Kanzleramt innehat: Dabei hatte es Angela Dorothea Merkel (* 17. Juli 1954) doch eigentlich eher zu den Naturwissenschaften hingezogen. Merkel hatte in der ehemaligen DDR Physik studiert „Die Naturwissenschaften waren meine Sache, auch weil sich die DDR-Führung in Naturgesetze wenig einmischen konnte", sagt sie selbst. Im Dezember 1990 errang sie für die CDU ein Bundestagsmandat. Zehn Jahre später war sie Bundesvorsitzende der CDU, 2005 wurde sie Kanzlerin. Merkel habe sich an der Männerriege der Union vorbei an die Spitze der Regierung gekämpft, schreibt das Magazin „Spiegel". Anhänger schätzten ihre abwägende und ausgleichende Art, Kritiker schmähten sie als Zauderin.

Unsere Eltern packten gerne das Auto bis unters Dach voll und fuhren gen Süden.

Ab in den Urlaub

Gar nicht cool waren wir, wenn es darum ging, in den Urlaub zu fahren: Das war immer eine riesige Aufregung. Wenn wir Glück hatten, wurden wir an der Entscheidung beteiligt, wohin es ging. Wenn wir Pech hatten, mussten wir mit zum Wandern in die Berge. Doch gleich, wohin die Reise führte: Tage, wenn nicht Wochen zuvor packten unsere Eltern die ungezählten Dinge, die unbedingt mitmussten, wenn wir für zwei Wochen an den Strand fuhren. Je größer wir wurden, desto länger wurde auch die Liste der Spielsachen und Sportgeräte, auf die wir unmöglich 14 Tage lang verzichten konnten. Dabei brauchten wir doch vor allem eines: Gutes Wetter, damit wir oft draußen sein konnten. Am liebsten am Meer, wo wir wochenlang einfach am Strand waren, ohne uns auch nur eine einzige Minute zu langweilen.

Wegen uns hätten die Ferien nie zu Ende gehen müssen: Wir liebten es, am Meer zu sein.

Das Sommermärchen 2006

Wir hätten also gut auf den Schulbeginn nach den Ferien verzichten können. Worauf die Erwachsenen aber unmöglich verzichten konnten, waren die Fußball-Weltmeisterschaften. 2006 erlebten wir ganz bewusst unsere erste WM: Das deutsche Sommermärchen zog uns in seinen Bann. Vier Wochen lang erhitzten der Fußball und die Sonne die Gemüter. Der Sommer zeigte sich in diesem Jahr von seiner besten Seite, die Sonne brannte von der Eröffnung bis zum Finale vom Himmel und Deutschland erfand das Public Viewing, das gemeinsame Fußballgucken auf großen Plätzen.

Für uns war diese Weltmeisterschaft, die im eigenen Land ausgetragen wurde, eine riesige Aufregung – wir hängten uns wie die Großen schwarz-rot-goldene Blumengirlanden um den Hals, bemalten unsere Gesichter in den Nationalfarben, versuchten, uns während torlosen Halbzeiten nicht zu Tode zu langweilen und jubelten einfach mit, wenn alle jubelten. Der sportliche Event war uns eigentlich relativ egal, wir standen mehr auf den großen Spaßfaktor, den das ganze Drumherum mit sich brachte.

Und auch, wenn es das deutsche Team 2006 weit brachte, wurden wir doch kein Weltmeister. Die Nationalmannschaft unter Trainer Jürgen Klinsmann unterlag im Halbfinale gegen Italien, Deutschland belegte am Ende Platz drei.

Fußball trägt man nicht nur im Herzen, sondern auch ganz deutlich sichtbar am Leib.

Unser Sprung
ins digitale Zeitalter

2007-2010

Mit Unterwasserkameras knipsten wir lustige Fotos im Schwimmbad.

Revolution im Kinderzimmer

Unsere Spielzeugwelt wurde durch Wii revolutioniert: Nintendo brachte die Spielekonsole Ende 2006 auf den Markt und sorgte so dafür, dass wir plötzlich viel Sport im heimischen Wohnzimmer trieben. Das bewegungsorientierte Spielsystem machte es möglich, dass wir zwar gefühlt auf dem Tennisplatz, dem Fußballfeld und der Bowlingbahn standen – in der Realität die

Chronik

9. Januar 2007
Apple-Chef Steve Jobs stellt das iPhone vor.

18. Januar 2007
Der schwere Orkan Kyrill fegt über Europa:
Die Bilanz: 34 Todesopfer, der Sachscha-
den beläuft sich allein in Deutschland auf
8 Milliarden Euro.

9. März 2007
Der Bundestag verabschiedet entgegen
den Protesten der Gewerkschaften die
Rente mit 67 Jahren.

5. November 2007
Erdöl- und Goldpreis erreichen Rekord-
niveau. Der Euro klettert auf seinen
höchsten Stand, während der Dollar
schwächelt.

15. September 2008
Das Finanzinstitut Lehman Brothers meldet
Insolvenz an. Die Weltwirtschaftskrise
beutelt die Finanz- und Wirtschaftswelt.

31. Oktober 2008
Berlin schließt seinen Verkehrsflughafen
Tempelhof.

4. November 2008
Barack Obama wird als erster Afroamerika-
ner Präsident der Vereinigten Staaten.

3. März 2009
Das Historische Archiv der Stadt Köln stürzt
beim Bau der Nord-Süd-Stadtbahn ein.

11. März 2009
Amoklauf von Winnenden: Der 17-jährige
Schüler Tim Kretschmer tötet in der
Albertville-Schule 15 Menschen und zuletzt
sich selbst.

29. Mai 2010
Lena Meyer-Landrut gewinnt mit „Satellite"
beim Finale des 55. Eurovision Song
Contest.

31. Mai 2010
Bundespräsident Horst Köhler erklärt
seinen sofortigen Rücktritt vom Amt. Sein
Nachfolger wird Christian Wulff.

24. Juli 2010
In Duisburg gibt es keinen Ausweg aus dem
Gedränge: Bei der Loveparade sterben 21
Menschen, 511 Teilnehmer werden verletzt.

Bälle aber nur per Computertechnik über die Bildschirme sausen ließen. Wii brachte Bewegung in die Bude. So manche langweilige Geburtstagsfeier, bei der die Erwachsenen erst nur am Tisch saßen und endlos redeten, endete damit, dass sie später begeistert mit uns vor dem Fernseher rumturnten. Wii war ein Renner: Nintendo verkaufte allein in den ersten acht Jahren nach Verkaufsstart 100 Millionen Spielekonsolen.

So ganz allmählich zog uns die Spielzeugtechnik mehr ins Haus: In den Jahren zuvor hatten wir die meiste Zeit in der Natur verbracht. Wann immer wir fernsehen wollten – immer hieß es, dass wir erst einmal draußen spielen sollten. Unsere Eltern waren völlig unverständlicherweise große Frischluftfanatiker gewesen, sie fuhren völlig darauf ab, wenn wir uns Fahrräder, Inliner, Cityroller oder Einräder schnappten und uns auf der Straße zu schaffen machten.

Wenn die Sonne schien, gingen wir supergerne ins Schwimmbad. Endlich waren wir alt genug, um auch alleine losziehen zu können, die Zeiten, in denen unsere Mütter am Beckenrand saßen und mit Argusaugen darauf achteten, dass wir nicht gurgelnd untergingen, waren vorbei. Wir wagten lustige Experimente beim Tauchen – wer jemanden mit einer Unterwasserkamera kannte, hatte dann sogar noch ein nicht weniger lustiges Erinnerungsfoto an diese heißen und schier endlosen Nachmittage im Freibad.

Ob es also damals regnete oder nicht, scheint im Nachhinein keine Rolle zu spielen. In der Erinnerung verbrachten wir, kaum dass wir mal unbeaufsichtigt bleiben konnten, unsere komplette Freizeit draußen. Das aber auch nur, weil wir damals einfach noch nicht wussten, was da an wundersamer Unterhaltungselektronik auf uns zukommen würde. Hätten wir es gewusst, wir wären wohl vor Aufregung und Schnappatmung ständig vom Rad gefallen.

Damit kam man umweltfreundlich überall hin: Cityroller waren ein beliebtes Fortbewegungsmittel.

Kindheit an der Konsole

Bestes Beispiel: Nach der Xbox und PS2 wurden nun endlich die neuen Generationen PS3 und Xbox360 veröffentlicht. Das bedeutete, dass die Konsolen zum einen viel schneller wurden und zum anderen eine deutlich bessere Auflösung boten. Der PC konnte all dies immer schon besser, war jedoch deutlich größer und mindestens doppelt so teuer, außerdem kamen dort immer Probleme wie: „Ich kann leider nicht mitspielen, mein PC ist nicht gut genug", während alle Freunde, die eine Konsole hatten, auf dem genau gleichen Stand waren.

Ob Boxen, Tennis oder Tanzen: An der Wii konnten wir kein Ende finden.

Man spielte dann online mit oder gegen Freunde, doch den meisten Spaß bereitete es natürlich, sich zu treffen und gemeinsam mit mehreren Freunden Wettkampfspiele zu veranstalten. Sogenannte „Ballerspiele" wie „Call of Duty" waren schon immer der Renner, doch am höchsten kochten die Emotionen bei den FIFA-Fußballspielen.

Alle wollten ein eigenes Handy

Die Emotionen kochten auch hoch bei der Frage, ab wann wir ein eigenes Handy haben durften. Die handylosen Zeiten, in denen wir im Großstadtgedränge für den Fall, dass man sich verlieren würde, einen Treffpunkt eingeschärft bekamen, endeten damit. Doch den Weg zum eigenen Handy musste man sich mit vielen Debatten und guten Gründen frei kämpfen. Die Kinder, die mit dem Schulbus zum Unterricht kamen, waren in dieser Frage ganz eindeutig im Vorteil im Vergleich zu denen, die zu Fuß in die Schule gingen. Denn wer auf Busse und Bahnen angewiesen war, der hatte ein super Argument, um an ein heiß begehrtes eigenes Telefon zu kommen: Falls der Unterricht ausfiel, so die kluge Begründung, könne man ganz schnell zu Hause anrufen und darum bitten, abgeholt zu werden. Dem konnten viele Eltern folgen – und erlaubten die Anschaffung eines Handys, das heute geradezu antiquarisch anmutet. Die meisten waren noch Handys, welche man aufschieben musste, wenn man telefonieren oder simsen wollte. Als die ersten Mobiltelefone mit Touchscreen auf den Markt kamen, waren wir völlig aufgelöst. Das waren aber auch unsere Eltern, als sie begriffen, dass wir nicht nur eigene Telefone hatten, sondern damit auch eigene Rechnungen fabrizierten. Es war schwer, wenn nicht sogar oft unmöglich, unseren Eltern zu erklären, warum wir Tarife benötigten, die 3000 SMS im Monat ermöglichten. Schließlich schrieben wir diese ungezählten SMS ja genau an die Freunde, die wir noch vor gerade einmal einer halben Stunde in der Schule gesehen hatten oder gleich dort sehen würden.

Aber so änderten sich die Zeiten: Hatten wir früher Zettelchen im Unterricht geschrieben, so waren es jetzt SMS. Und die hatten oft lustige Inhalte: „BF" tippten wir und meinten damit „Beste Freundin". Und das war durchaus noch steigerbar: „AbF" hieß „Allerbeste Freundin". Und dann gab es natürlich auch noch die AbFFL", die „Allerbeste Freundin fürs Leben". „HdL" war die Abkürzung für „Hab dich lieb" und „HdgdL" die für „Hab dich ganz doll lieb". Zumindest am Anfang. Später aber stand sie auch gerne einmal für die Klarstellung, dass man sich nicht mehr supertoll, sondern total doof fand. Dann stand „HdgdL" für „Hab dich gedisst, du Loser". Und so machte ein jeder von uns seine ersten Erfahrungen mit dem Thema Internetmobbing.

Die Mobiltelefone veränderten ihr Aussehen in den vergangenen Jahren stark: Die Palette reichte vom brikettartigen Modell der 90er-Jahre bis zum Smartphone.

Rein ins soziale Netzwerk

Überhaupt spielte das Thema Internet eine immer größere Rolle in unserem Leben. 2007 öffnete das soziale Netzwerk SchülerVZ seine digitalen Pforten und sorgte für absolute Aufregung. Ganze Klassen traten binnen kurzer Zeit in „ICQ" oder ins SchülerVZ ein. Letzteres hatte nach eigenen Angaben über 5 Millionen Nutzer: Das entsprach knapp 70 Prozent der sieben Millionen deutschsprachigen Schüler. Das war eine Welt, in der Erwachsene keinen Zutritt hatten. Die Bedingungen waren ganz klar. Wer älter war als 21, flog raus.

Endlich musste man nicht mehr darüber nachdenken, ob man sein SMS-Kontingent schon überschritten hatte oder nicht, jetzt konnte man hemmungslos chatten, Filme und Fotos hochladen, sich selbst darstellen. Man richtete Gruppen ein, um den Überblick über die immer zahlreicheren Freunde zu behalten – und gehörte dann nicht selten plötzlich so vielen an, dass man keine weiteren mehr annehmen konnte. SchülerVZ revolutionierte unsere digitale Wahrnehmung, hatte aber selbst nur eine begrenzte Lebensdauer: Das Netzwerk verlor in rasantem Tempo Nutzer an Facebook. Allein im Herbst 2011 wechselte über ein Drittel aller jungen Nutzer zum Netzwerk, das der amerikanische Student Mark Zuckerberg erfunden hatte.

Mark Zuckerberg – ein Selfmade-Milliardär

Er ist der jüngste Selfmade-Milliardär aller Zeiten und nur 13 Jahre älter als wir: Mark Elliot Zuckerberg (* 14. Mai 1984). Der Informatik- und Psychologiestudent gründete 2004 an der amerikanischen Harvard-Universität zusammen mit drei Kommilitonen das soziale Netzwerk Facebook (ein Phantasiename, der sinngemäß Jahrbuch bedeuten soll). Facebook zählte 2014 zu den fünf am häufigsten besuchten Websites der Welt, in Deutschland lag es auf dem zweiten Rang hinter Google. Facebook ist eine beispiellose Erfolgsgeschichte: Nur zehn Jahre nach seiner Gründung wurde der Wert des Unternehmens auf 50 Milliarden Dollar geschätzt.

Die Schule war oft ein großer Stress

Dennoch war SchülerVZ in unseren ersten Jahren an der weiterführenden Schule die wichtigste Plattform, um sich auszutauschen. Und dieser Austausch war einfach wichtig, denn diejenigen von uns, die das Gymnasium besuchten, hatten das Pech, das Abitur im Turbo-Tempo erreichen zu müssen. 2003 wurde die Schulreform für die Gymnasien in den alten Bundesländern beschlossen. Wir waren einer der ersten Jahrgänge, die den für neun Gymnasialjahre angelegten Unterrichtsstoff in nur acht Jahren pauken musste. Was für die Schüler in den neuen Bundesländern schon lange anstrengende Realität war,

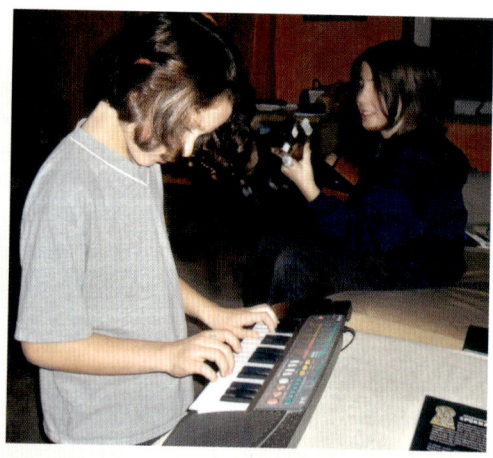

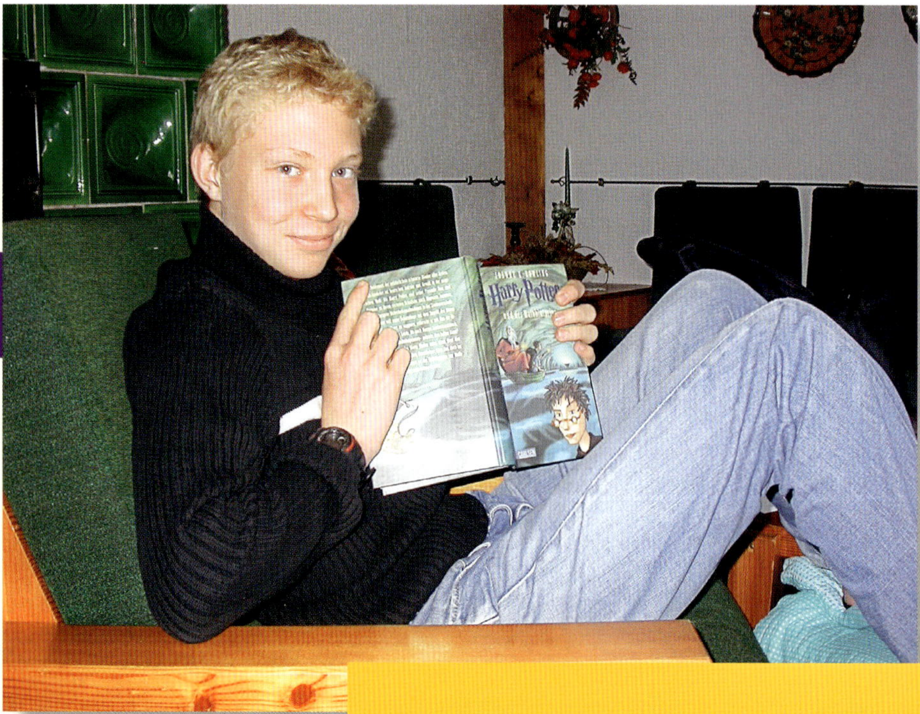

Spannung pur: Die Harry-Potter-Bände konnten wir kaum aus der Hand legen.

wurde nun auch uns schnell klar: Die Unterrichtszeit erstreckte sich bis in den Nachmittag, dann standen noch Hausaufgaben an. Die Freizeit wurde knapp, die Eltern zusehends genervter. Man musste erst einmal damit umgehen, dass schon Sechstklässler einen Zehnstunden-Tag zu absolvieren hatten. Wenn dann noch Hobbys wie Theaterspielen oder Musizieren auf dem Programm standen, dann lernte man den Begriff „Stress“ früher kennen, als einem lieb war.

Dennoch fanden wir auch immer noch genügend Zeit zu lesen. Das lohnte sich auch in jeder Hinsicht: Ein Feuerwerk der Fantasie bescherte uns großartige Jugendliteratur und tolle Filme.
Die Autorin Cornelia Funke schrieb mit „Herr der Diebe“, der Tintenwelt-Trilogie und den Wilden Hühnern beeindruckende Kinderbücher.

Wir experimentierten mit Hobbys: Dazu gehörte auch das Musizieren.

Aber auch die fußballbegeisterten „Wilden Kerle" gehörten zu unserem kindlichen Entertainment genauso dazu wie Die drei Fragezeichen, TKKG und Harry Potter. Dessen Abenteuer im Internat Hogwarts waren so bizarr und großartig, dass sie uns alle ans Buch oder an den CD-Player und nicht selten sogar an beides fesselten. Schauspieler Rufus Beck las uns das Potter-Gesamtwerk vor: Das bedeutete nicht selten, dass man die kompletten Herbstferien in seinem Zimmer verbrachte, um sich dort die 30 CDs von „Harry Potter und der Stein der Weisen" anzuhören.

Da knallen die Sektkorken: Lena mit Stefan Raab nach dem Sieg des Eurovison Song Contest in Oslo.

Lena gewinnt den ESC

Von der Schulbank direkt aufs Siegertreppchen des Eurovision Song Contest: Lena Johanna Therese Meyer-Landrut (23. Mai 1991) erlebte den wohl kometenhaftesten Aufstieg in der deutschen Popgeschichte. Als sich die 18-Jährige aus Hannover im Herbst 2009 bei der Castingshow „Unser Star für Oslo" bewarb, kannte sie niemand. Kurze Zeit später kannten sie alle: Mit dem Song „Satellite" belegte sie nicht nur die ersten drei Plätze großer

Download-Portale wie iTunes und Musicload und den 1. Platz der deutschen Hitparade – mit „Satellite" gewann sie den europäischen Song Contest. Ein Jahr später wurde Lena für diesen Wettbewerb, den weltgrößten seiner Art, erneut ins Rennen geschickt: Doch das Lied „Taken by a stranger" brachte sie „nur" auf Platz 10. Ihrem Ruhm tat das keinen Abbuch: Lenas „koboldhafte Art", wie es Stefan Raab formulierte, kam einfach super an.

Wehe, man hat bei der Wahl des Urlaubszieles nicht aufgepasst – dann landete man auf Bergpfaden ohne jeden Handyempfang.

Es war also sinnvoll, sich für einen chilligen Urlaub zu entscheiden.

Alles, nur nicht wandern

Ganz allmählich wurden wir erwachsener. Nicht, dass uns das bewusst war, aber plötzlich nutzten wir Angebote, für die wir noch kurze Zeit zuvor viel zu jung gewesen waren: Wir konnten am Girls' oder Boys' Day teilnehmen, erste Einblicke ins Berufsleben bekommen. Und dort erschreckt feststellen, dass man, ganz gleich, wohin man kam, alle fünf Tage die Woche von morgens bis abends beschäftigt waren. Und niemand so wie wir 13 Wochen Ferien im Jahr hatte. So zeitintensiv hatten wir uns das Arbeitsleben dann doch nicht vorgestellt.

Auch die Urlaube änderten sich. Wir wurden größer, hatten mehr Mitbestimmungsrecht, wohin die Reise denn führen sollte. Wer es versäumt hatte, sich im Vorfeld zu wehren, fand sich oft plötzlich mit einer Wanderkarte in der Hand wieder. Um dann überrascht festzustellen, dass man in den Bergen meistens keinen Handyempfang hat und dass man beim Wandern unvorstellbarerweise auch jeden Meter zu Fuß und keinen einzigen mit dem Auto zurücklegt. Beide Tatsachen sind nicht unbedingt dazu geeignet, Jugendliche in Entzücken zu versetzen. Definitiv nicht.

Beim Girls' oder auch Boys' Day hatten wir die Chance, ins Berufsleben hineinzuschnuppern.

Love Parade

Sie sollte eine riesige Party werden und endete als große Katastrophe: Bei der Love Parade in Duisburg am 24. Juli 2010 kamen 21 Menschen ums Leben, mehr als 500 wurden verletzt. Bei einer Massenpanik im Zugangsbereich zum Veranstaltungsgelände wurden 21 junge Menschen erdrückt oder zu Tode getreten, Hunderte wurden verletzt, vermutlich

Tausende erlitten im tödlichen Gedränge psychische Schäden. Das Sicherheitskonzept hatte vollkommen versagt, es war quasi eine amtlich genehmigte Tragödie, die sich in Duisburg ereignete. Es war das Ende des Massenspektakels, das von 1989 bis 2006 in Berlin und später an wechselnden Orten im Ruhrgebiet stattfand. Endstation Duisburg.

47

Die Welt ist
groß und bunt

Wir befanden uns irgendwo
zwischen Kindsein und
Erwachsenwerden.

Die Kindertage
waren vorbei

Wir wurden erwachsen.
Wir konnten es sehen
und spüren, dass die
Kindertage hinter uns
lagen. Alle Zeichen sprachen dafür, dass uns die Welt jeden Monat ein bisschen weiter offenstand. Diejenigen von uns, die evangelisch waren, fieberten
der Konfirmation im Frühjahr entgegen. Regelmäßig hatten sie Religionsunter-
richt gehabt, waren sonntags in die Kirche gegangen und konnten es nun kaum
abwarten, dass das große Fest gefeiert wurde. Dabei ging es zum einen
natürlich um die Feier und um die Geschenke, die wir an diesem Tag bekamen.

Chronik

4. Januar 2011
Arabischer Frühling: Mit der Revolution in Tunesien beginnt in der arabischen Welt eine Serie von Protesten, Aufständen und Revolutionen gegen die autoritären Regimes.

11. März 2011
Im japanischen Fukushima explodieren im Atomkraftwerk vier von sechs Reaktoren. Eine verheerende Katastrophe.

6. Juni 2011
Das Kabinett Merkel beschließt den stufenweisen Ausstieg aus der Kernenergie bis 2022.

Juli 2011
In Deutschland wird die Wehrpflicht in Friedenszeiten ausgesetzt.

17. Februar 2012
Der deutsche Bundespräsident Christian Wulff tritt vom Amt des Bundespräsidenten zurück. Eine Kredit- und Medienaffäre hat ihn aus der politischen Bahn geworfen.

21. Dezember 2012
Der Weltuntergang bleibt aus. Im Internet kursierten die verrücktesten Theorien von der anstehenden Apokalypse. Der Planet aber dreht sich ungerührt weiter.

28. Februar 2013
Papst Benedikt XVI. tritt aus eigener Entscheidung zurück. Sein Nachfolger wird der argentinische Papst Franziskus.

Sommer 2013
Edward Snowden packt aus: Aus den Enthüllungen des ehemaligen Mitarbeiters des US-Geheimdienstes (NSA) resultiert die NSA-Affäre. Sie führt zu weltweiten Protesten gegen die Spionagevorkehrungen der USA.

8. März 2014
Ein Flugzeug der Malaysian-Airlines mit 239 Menschen an Bord verschwindet im Bereich des Indischen Ozeans spurlos.

13. Juli 2014
Deutschland gewinnt die Fußball-Weltmeisterschaft in Rio: Das Team von Trainer Joachim Löw gewinnt im Finale 1:0 gegen Argentinien.

17. Juli 2014
Der Konflikt um die Ukraine fordert zivile Opfer: Ein Flugzeug der Malaysian-Airlines wird nahe der russischen Grenze abgeschossen. 298 Menschen sterben.

Beinahe alle Konfirmanden wünschten sich Geld zum großen Anlass: Um einen Laptop zu kaufen oder um es einfach nur zu sparen oder auch zu verprassen. Zum anderen aber ging es auch darum, dass die Konfirmation einen ganz deutlichen Einschnitt bedeutete – sie war ein Meilenstein auf unserem Weg ins Erwachsenwerden. Nach der Konfirmation galt man als erwachsenes Mitglied der Kirchengemeinde: Und irgendwie fühlten wir uns nach diesem großen Fest mit der ganzen Familie auch genauso – einfach sehr erwachsen.

Doch das Gefühl stieß spätestens in dem Moment an seine Grenzen, an dem man abends mit Freunden ausgehen wollte. Mit 14 endete jedes Ausgeh-Vergnügen unweigerlich um 22 Uhr. Das Jugendschutzgesetz – eine in unseren Augen völlig überholte und damit überflüssige Bürokratenvorgabe – ließ unsere ersten Ausflüge in die gastronomischen Angebote früh enden. Aber selbst wenn es kein Gesetz gegeben hätte – unsere Eltern dachten ja gar nicht daran, uns einfach so bis in die Puppen losziehen zu lassen. Sie waren das eigentliche Gesetz. Und das gab die Regeln klar vor. Wir mussten um jede halbe Stunde lange verhandeln und noch dazu starke Argumente vorbringen. Im Nachhinein ist uns klar: So erwachsen, als dass wir uns die Nächte hätten um die Ohren schlagen können, waren wir mit 14 nun auch wieder nicht.

15. bis 18. Lebensjahr

Klassenfahrten erweiterten den Horizont

Umso mehr fieberten wir auf die Klassenfahrten hin. Die führten nun nicht mehr nur in Gebiete, in denen man gut wandern oder skifahren konnte, sondern in die großen Städte. Berlin beispielsweise war total angesagt. Für viele, die aus eher kleineren Orten kamen, war es die erste Großstadterfahrung. Und vor allem besuchten wir die Großstädte ja eben nicht mit Mama und Papa, sondern mit unseren Freunden. Das waren erste Schritte raus in die Welt. Die stellten keine besonders spektakulären dar und verliefen zwar auch leider immer unter der Aufsicht von Lehrern, aber es waren doch die ersten, die uns zeigten, wie groß und bunt die Welt ist. Und vor allem, dass wir auch ohne elterliche Aufsicht klarkamen. Es waren eben die ersten auf dem langen steinigen Weg ins Erwachsenwerden.

Fukushima

Am 11. März 2011 explodierten im japanischen Fukushima nach einem Erdbeben vier von sechs Reaktoren. Es kam zur Kernschmelze und damit zu einem Atomunfall, der noch viel schlimmer war als der, der sich 1986 im ukrainischen Tschernobyl ereignet hatte. Die Entsorgung der Trümmer wurde mit 40 Jahren veranschlagt, der Schaden auf knapp 200 Milliarden Euro geschätzt. Fukushima zog weltweite Konsequenzen im Umgang mit der Kernenergie nach sich: In Deutschland wurde der Atomausstieg bis 2022 beschlossen und die Energiewende eingeläutet.

Plötzlich fiel uns unser Körper auf

Wie hart dieser Weg war, erlebten wir an jedem Morgen, und zwar beim ersten Blick in den Spiegel. Früher hatte man sich einfach das Gesicht gewaschen, die Haare gekämmt und war dann fröhlich in Richtung Bus oder Schule marschiert. Jetzt aber zeigte sich, dass das Leben längst nicht mehr so leichtfüßig daherkam wie noch zu Grundschulzeiten. Plötzlich fiel uns unser Körper auf. Und all die Dinge daran, die wir bis dahin gar nicht wirklich wahrgenommen hatten oder die bis dahin auch schlicht okay gewesen waren. Die Jungs nahmen die Dinge, die nicht perfekt waren, meist gelassen hin. Die Mädchen taten genau das lange nicht.

Ohren, die bis zum Eintritt in die Pubertät einfach Ohren gewesen waren, standen plötzlich geradezu dramatisch vom Kopf ab. Die Haare waren mit einem Mal zu lockig oder zu glatt, die Nase zu groß, der Mund zu klein, die Füße zu breit, die Beine zu kurz, der Hintern zu dick. Mit einem Wort: Wir waren an vielen Tagen einfach unzufrieden mit unserem Äußeren. So unzufrieden, dass es auch Momente gab, in denen wir ernsthaft überlegten, Verabredungen einfach abzusagen. Was nutzte die beste Verabredung, wenn man doch

Ohne die anderen ging gar nichts: Unsere Freunde wurden uns fast so wichtig wie unsere Familie.

aussah wie ein Handfeger? Wenn wir Glück hatten, sagten uns unsere Freundinnen, dass wir hübsch seien. Wenn wir Pech hatten, sagten es unsere Omas. Doch ganz gleich, wer uns mit Komplimenten überhäufte – es war eben noch lange nicht die Zeit, in der wir sie hätten annehmen können. Die Fähigkeit, mit den eigenen Unzulänglichkeiten gelassener umzugehen, die war uns noch fremd, die mussten wir uns erst Jahr für Jahr weiter erarbeiten.

In der Pubertät wurde das Familienleben anstrengend: Kleine Geschwister nervten schon mal.

Das Familienleben wurde schwieriger

Pubertät ist die Zeit, in der Eltern kompliziert und anstrengend werden, lautet ein Postkarten-Spruch. Und tatsächlich – das Familienleben wurde für ein paar Jahre schwierig. Wir hatten oft nichts zum Anziehen (ganz gleich, wie voll der Schrank war), das Essen sollte richtig gut schmecken, aber gleichzeitig auch keinesfalls dick machen und die kleineren Geschwister, die bis dahin einfach nur süß gewesen waren, nervten wie wahnsinnig. Unsere Mütter verdrehten angesichts der vielen Zickereien am Abendbrottisch oft einfach die Augen, die Väter seufzten. Wir nahmen es als Zeichen dafür, dass uns wirklich niemand verstand und orientierten uns weiter in der Außenwelt.

Unsere Hormone liefen Amok: Umso dramatischer war dann eben meist auch die erste Liebe. Da wurden lange Blicke geworfen, manche SMS geschrieben, viele Tränen geweint. Und sich darüber gegrämt, dass das Leben doch so viel einfacher wäre, wenn man nur halbwegs so gut aussähe wie Miley Cyrus oder Robert Pattinson.

Kein Festival ohne Mutti-Zettel.

Mit dem Mutti-Zettel unterwegs

Aber selbst wer noch nicht in Sachen Verliebtsein unterwegs war, der war doch immer häufiger in Sachen Freunde oder Hobbys unterwegs. Ausgerüstet mit den so genannten „Mutti-Zetteln" zogen wir los, um auf Veranstaltungen das soziale Leben zu erkunden. Der Mutti-Zettel oder Party-Zettel hieß im Bürokraten-Deutsch eigentlich „Erziehungsbeauftragung". Das antiquierte Jugendschutzgesetz schrieb dieses Schriftstück vor, mit dem ein Elternteil eine andere volljährige Person für die Dauer einer Tanzveranstaltung mit der Aufsicht ihrer minderjährigen Kinder beauftragte. Diese Vorlage war bei öffentlichen Partys, Konzerten, Festivals und in Diskotheken für Jugendliche unter 16 Jahren immer und bei jungen Leuten ab 16 Jahren nach 24 Uhr notwendig. Wir fanden ihn immer lustig, denn es war ja eigentlich absolut gleichgültig, wer ihn unterschrieb. Man konnte auch wildfremde Menschen bitten, ihn zu signieren – und damit den Erziehungsauftrag sozusagen an Unbekannte delegieren. Völlig absurd – und trotzdem hatten ihn immer alle dabei.

Prost Neujahr: Nur noch ein einziges Silvester und wir würden endlich 18 werden!

Costa Concordia

Sie war das größte italienische Kreuzfahrt-schiff: Die Costa Concordia, die am 13. Januar 2012 vor der Insel Giglio nahe Elba auf einen Felsen auflief und leck schlug. 32 Menschen kamen ums Leben. Die Vorwürfe gegen Kapitän Francesco Schettino häuften sich: Er sei nicht nur zu dicht an der Küste entlanggefahren, sondern habe das havarierte Schiff als einer der Ersten verlassen. Das stimme nicht, sagte der Italiener: Er sei einfach in ein Rettungsboot gefallen. 18 Monate lang lag das Wrack vor Giglio. Erst im Herbst 2013 wurde es aufgerichtet, im Juli 2014 zum Verschrotten nach Genua geschleppt. Kosten: 100 Millionen Euro.

Die Aussicht auf einen Museumsbesuch im Urlaub haute uns nicht um: Da wären wir oft lieber zu Hause geblieben.

Endlich sturmfreie Bude

Es waren viele Dinge, die uns in jenen Jahren beschäftigten. Wir rechneten aus, wie lange es noch bis zur Volljährigkeit dauern würde. Mit 16 fühlten wir uns schon so alt, dass wir gar nicht mehr wirklich mit unseren Eltern in den Urlaub fahren wollten. Nicht selten hatten die ein Einsehen und erhörten unsere Bettelei, doch bitte, bitte lieber zu Hause bleiben zu dürfen, statt sich in den Ferien womöglich Kunst, Kultur oder gar Wanderwege antun zu müssen. Wenn die Eltern klug waren, fuhren sie alleine los. Denn bevor sie 14 Tage lang mit einem schmollenden Teenager unterwegs sein würden, der selbst dem Grand Canyon nur einen kurzen Blick zuwerfen würde, um dann nach der nächsten WLAN-Station zu fragen, ließen sie den pubertierenden Nachwuchs klugerweise allein zu Hause – aber keinesfalls, ohne noch zuvor mindestens 200 gute Ratschläge und Anweisungen gegeben zu haben.

Wir liebten Selfies ...

... doch längst nicht alle wussten,
wie eine simple Waschmaschine
funktionierte.

Die große krasse Freiheit

Und dieser Nachwuchs war dann aufgeregter als die Eltern, die auf Reisen gingen. Denn die Aussicht auf diese Tage oder gar Wochen in großer Freiheit ohne jede Aufsicht haute uns schier aus den Socken. Nun war es ja zugegebenermaßen nicht so, dass wir daheim unsere Jugend in Knechtschaft verbrachten. Doch der Gedanke daran, zum ersten Mal die Wohnung oder das Haus für uns allein zu haben, der brachte uns doch schwer in Wallung. Endlich würden wir leben wie die Erwachsenen! Völlig cool und auf eigenen Beinen stehend. Ja, das würde großartig werden, wir hatten keinen Zweifel. Und es war auch großartig. Zumindest, solange der Kühlschrank noch voll war. Irgendwann in der ersten Woche als Selbstversorger aber machten wir Erfahrungen, mit denen wir nicht gerechnet hatten. Erstens: Jedes Brot ist irgendwann aufgegessen. Man muss ein neues kaufen. Zweitens: Brot allein reicht nicht, man muss auch für Wurst oder Käse sorgen. Drittens: Nur Käsebrote alleine machen auch nicht glücklich. Ein warmes Essen, das nicht aus dem Fastfood-Laden stammt, ist viel wert. Viertens: Einkaufen kostet viel Geld. Und zwar eigenes Geld.

So erstaunlich die Erfahrungen am Kühlschrank und im Supermarkt waren, sie hörten noch lange nicht auf. Völlig verdutzt nahmen wir beispielsweise zur Kenntnis, dass auch der Wäschekreislauf während des Urlaubs unserer Eltern völlig zum Erliegen kam. Bis dahin war es immer selbstverständlich gewesen, dass unsere Lieblingsshirts und -jeans, wann immer wir sie brauchten, frisch gewaschen und gebügelt im Schrank lagen. Als die Eltern weg waren, sah das anders aus. Wir konnten längst eigene Videos drehen und ins Internet stellen – doch die meisten von uns waren mit dem Bedienen einer handelsüblichen Waschmaschine völlig überfordert.

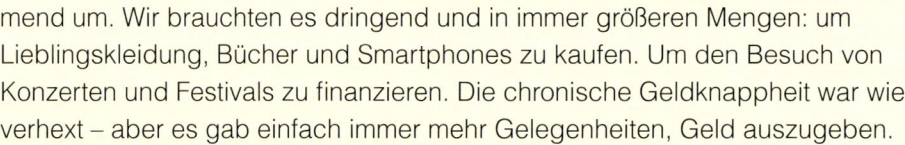
Selbst wenn wir mit unseren Freunden zusammen waren, checkten wir noch schnell Mails und WhatsApps.

Wir waren chronisch pleite

Das Thema Geld trieb uns zuneh-
mend um. Wir brauchten es dringend und in immer größeren Mengen: um Lieblingskleidung, Bücher und Smartphones zu kaufen. Um den Besuch von Konzerten und Festivals zu finanzieren. Die chronische Geldknappheit war wie verhext – aber es gab einfach immer mehr Gelegenheiten, Geld auszugeben.

Deshalb musste ein Ferienjob herbei. Die aber waren nicht leicht zu bekommen, denn erstens wollten auch alle anderen Schüler ihr Taschengeld aufbessern und zweitens waren die Ferien längst nicht so lang, wie sie hätten sein müssen, wenn man alle Interessen unter einen Hut bringen wollte. Wir wollten chillen, chatten, Freunde besuchen, tanzen gehen – und eben auch Geld verdienen. Aber wir konnten es drehen und wenden, wie wir wollten, ob wir nun mit oder ohne Eltern im Urlaub gewesen waren, gejobbt hatten oder nicht – am Ende der Sommerferien waren wir immer pleite.

Der Irakkrieg - ein Krieg ohne Ende

Für die Amerikaner ging 2011 ein düsteres Kapitel zu Ende: Präsident Barack Obama holte 2011 die letzten Soldaten aus einem Krieg nach Hause, den sein Vorgänger George W. Bush 2003 begonnen hatte. Der war mit seinen Truppen in den Wüstenstaat einmarschiert, um den Diktator Saddam Hussein zu stürzen. Als Gründe nannte Bush den angeblichen Besitz von Massenvernichtungswaffen sowie Husseins Verbindungen zu Al-Kaida.

Der Diktator war schnell gestürzt, doch es folgten Jahre voller Terror und Gewalt. Insgesamt 4411 amerikanische Soldaten kamen ums Leben – Frieden aber gab es keinen. Der Irak kam auch in den nächsten Jahren nicht zur Ruhe: Im Frühjahr 2014 überrannte die Terrorgruppe Islamischer Staat den Irak und Syrien (ISIS) – deren Schurken waren noch brutaler als das gefürchtete Terror-Netzwerk Al-Kaida.

Die Schule verlangte ganzen Einsatz: Wir büffelten hart für den Erfolg.

Die Frage, was aus uns werden soll

Die Frage, wie wir denn später einmal unser Geld verdienen wollten, beschäftigte unsere Umwelt beinahe mehr als uns selbst. Wenn Erwachsene ernsthaft mit uns ins Gespräch kommen wollten, hatten sie drei Lieblingsfragen. Erstens: „Bist du denn schon fertig mit der Schule?" Zweitens: „Weißt du, was du danach machen willst?" Und drittens: „Hast du schon den Führerschein?" Doch so ehrlich das Interesse der Großen auch gewesen sein mag – uns gingen diese Fragen gewaltig auf die Nerven, denn kaum jemand von uns wusste wirklich, was er beruflich machen wollte.

Der Druck nahm also zu:
Wer nach der Haupt- oder
Realschule einen Beruf
ergriff, hatte sich schon
wesentlich früher Gedan-
ken machen müssen als
die, die am Gymnasium
blieben. Doch spätestens
mit dem Eintritt in die
Oberstufe war der Spaß vorbei –
soweit die verkürzte G8-Schul-
zeit überhaupt viel Spaß hatte
aufkommen lassen. Jetzt hörten
wir mindestens drei Mal am Tag
das Wort „Abitur". Und das war
untrennbar mit der Frage
verbunden, wie wir uns denn
das Leben jenseits der Reifeprü-
fung so vorstellten. Das Prob-
lem: Dieses Leben war für viele
von uns noch völlig abstrakt.
Studium oder Beruf, das war
alles noch so weit weg. Manche
nutzten auch die Gelegenheit
und absolvierten ein halbes oder
ganzes Jahr im Ausland, wo sie
die Schule besuchten und ihre
Sprachkenntnisse verbesserten.
Den Mut aber hatten nicht alle.
Alle aber beschäftigte vor allem
ein Thema: Der Führerschein.

Schulbesuch ganz woanders: Manche
Mutige gingen für ein paar Monate ins
Ausland, um dort zu lernen.

Nichts war wichtiger als der Führerschein

Fast die Hälfte aller Mitschüler nutzte die Chance, die Fahrerlaubnis der Klasse B oder BE schon mit 17 zu erwerben. Die Sonderregelung, auch Begleitetes Fahren genannt, gilt in Deutschland seit Januar 2011. Vor allem auf dem Land, wo selten Busse und Bahnen und niemals U-Bahnen fahren, war das Interesse groß. Doch gleich, wo man wohnte, alle wollten endlich unabhängig von Mamas Taxi sein. Wir büffelten also die Straßenverkehrsordnung für die Theorie, schafften uns nicht mit Büchern, sondern mit Fahrschul-Apps all das Wissen drauf, das wir für die theoretische Prüfung benötigten. Und nach der bestandenen Prüfung saßen wir da, hatten den Führerschein in der Tasche und durften doch erst mal nur in Begleitung von Erwachsenen fahren. Wir wussten es von Anfang an: Kein Jahr würde jemals so lang werden wie das, in dem wir auf unseren 18. Geburtstag hin fieberten. Und das zog sich in der Tat wie Kaugummi. Man sah das Auto der Eltern, dessen Handhabung uns immer vertrauter wurde, und durfte dennoch nicht allein damit starten. Nicht selten dachten wir: „Ich muss jetzt endlich 18 werden, ich halte es nicht mehr aus."

Da hatten wir mit 17 endlich den Führerschein - und durften bis zum 18. Geburtstag dennoch nur fahren, wenn Mama daneben saß.

Doch wir hielten es aus. Um uns die Wartezeit auf die ersehnte Volljährigkeit zu verkürzen, nutzten wir die unendlich vielen Angebote des Internets: Hatten die Generationen vor uns immer ins Fernsehprogramm geschaut, um zu gucken, was denn so alles in der Glotze lief, waren wir bereits völlig unabhängig von den Programmdirektoren dieser Welt. Wir schauten im Internet vorbei, wenn wir uns langweilten oder bilden wollten. Entweder um Spielfilme oder Serien wie „Homeland" oder „Game of Thrones" zu sehen, die wir uns aus dem Netz herunterluden, oder um bei YouTube die Abermillionen Clips zu gucken, die dort herumgeisterten: Wir ließen uns bei YouTube Schminktipps geben, sahen anderen zu, wie sie Videospiele spielten und die lustig kommentierten – es gab nichts, was nicht gezeigt, erklärt, erläutert wurde. Auf die Idee, abends zusammen mit der Familie einen Film zu gucken, kamen wir nur äußerst selten.

So sieht es aus, wenn man sich vor Freude über-
kugelt: Das deutsche Team ist Fußball-Weltmeister.

Wir waren Weltmeister

Das Einzige, was wir wirklich gerne mit anderen zusammen am Fernseher oder Beamer sahen, waren die Spiele der Fußball-Weltmeisterschaft, die im Sommer 2014 wie ein großer Sog alle in ihren Bann zog. Namen wie Bastian

Autokorsos waren im Sommer 2014 der Hit:
Das machte mindestens so viel Spaß wie das
Fußballgucken selber.

Wir waren plötzlich alle Fußball-
Fans: Die Weltmeisterschaft in
Brasilien war das Ereignis des
Jahres.

Schweinsteiger, Manuel Neuer und Mario Götze meißelten sich ins kollektive
Gedächtnis ein, das deutsche Team unter Trainer Joachim Löw gewann in
Brasilien ein Spiel nach dem anderen – und am 13. Juli schließlich auch das
Finale gegen Argentinien. Der Jubel war groß. Und eigentlich weiß im Nachhinein niemand mehr so richtig, woran wir mehr Spaß hatten. Am Spiel selbst oder
aber an den Autokorsos, die in diesem Sommer oft noch nachts laut hupend
durch die Straßen gondelten. Wir waren Weltmeister! Diesen Sommer, das
wussten wir schon kurz nach dem Abpfiff, würden wir ewig in Erinnerung
behalten.

Plötzlich waren wir Technik-Experten

Diese Erinnerungen dokumentierten wir mit unseren Smartphones. Alle hatten längst ein mobiles Telefon, mit dem man von allen Stellen dieser Erde ins Netz gehen kann. Doch längst nicht alle waren so technikorientiert wie wir: Oft mussten wir jenen Eltern und Paten, die noch mit lustigen, nicht internetfähigen Geräten hantiert hatten, die Funktionsweise ihrer neuen Handys erklären. Irgendwie waren wir ganz unbemerkt auf die technische Überholspur geraten. Unsere Kommunikation hatte sich ganz allmählich von SchülerVZ in grauer Vorzeit über SMS, Facebook und WhatsApp ins Internet verschoben. Die meisten hatten eine Flatrate zum Telefonieren, doch wer wollte schon noch Zeit mit langen Telefonaten verschwenden – wir sendeten uns Text- oder Sprachnachrichten. Und so kam es, dass wir mit einem Male für die Erwachsenen

Endlich 18:
Hallo Leben, wir kommen!

Sie trugen uns durch unsere Jugend:
Mit Chucks an den Füßen war man
immer richtig gut angezogen.

Ansprechpartner und Ratgeber waren, wenn es um Updates, neue Programme oder Funktionen am Smartphone ging.

Dieses Expertentum machte uns erneut deutlich, dass wir erwachsen wurden. Wir merkten es auch an ganz anderer Stelle: Nach der schwierigen Pubertät waren unsere Eltern endlich wieder normal geworden, wir verstanden uns plötzlich wieder gut.

Und es gab diese Momente, in denen wir zurückblickten und wussten: Hinter uns lag eine schöne Kindheit. Wir blickten aber nicht lange zurück, sondern immer nur nach vorn. Denn dort wartete es auf uns – das pralle Leben.